D1868684

Ueckers
Küchenpraxis

Ueckers Küchenpraxis

für Feinschmecker
und Kochkünstler

Illustrationen von Jiří Slíva

Droemer Knaur

Dieses Buch wurde auf chlor- und säurefrei gebleichtem Papier gedruckt. Die Folie des Schutzumschlages und die Einschweißfolie sind PE-Folien und biologisch abbaubar.

© Droemersche Verlagsanstalt Th. Knaur Nachf., München 1997
Das Werk einschließlich aller seiner Teile ist urheberrechtlich geschützt. Jede Verwertung außerhalb der engen Grenzen des Urheberrechtsgesetzes ist ohne Zustimmung des Verlages unzulässig und strafbar. Das gilt insbesondere für Vervielfältigungen, Übersetzungen, Mikroverfilmungen und die Einspeicherung in elektronischen Systemen.
Umschlaggestaltung: Agentur ZERO, München
Satz: Quark XPress im Verlag
Druck und Bindung: Franz Spiegel Buch GmbH, Ulm
Printed in Germany
ISBN 3-426-27018-8

2 4 5 3 1

Inhalt

Vorwort

Weil sich die Supermärkte wie Schimmel ausbreiten, ist das Sterben der letzten Tante-Emma-Läden vorprogrammiert. Vorbei die Beratungsgespräche, die das Einkaufen beim kleinen Einzelhändler so gemütlich und lehrreich machten. Die ahnungslosen Regalauffüller sind inkompetent bei warenkundlichen Anfragen. Brauchbare Auskünfte geben sie allenfalls auf die Frage: »Wo finde ich Essig?«
Kochbücher helfen dem Amateur auch kaum weiter – die Rezepte setzen voraus, daß der Amateurkoch weiß, womit er da in seiner Küche umgeht. Woran man ein frisches Ei erkennt und warum Grillkartoffeln in der Alufolie oft fast eine Stunde brauchen, daß Spargel vor dem Einfrieren nicht blanchiert werden soll, daß Herbsttrompeten und Morcheln getrocknet mehr Aroma haben als frische – diese und viele andere nützliche Informationen verdanke ich meinen Gesprächen im kleinen Laden von Frau Gründling.
Vor Jahren habe ich damit begonnen, Selbsterfahrenes, Pannen und Erfolge ebenso wie nützliche Tips aufzuschreiben. Daß dazu auch ein Mindestmaß an Warenkunde und Einkaufswissen gehört, versteht sich von selbst.
Meine Gedanken am Herd habe ich für alle leidenschaftlichen Kochfreunde notiert. Das Register wird Ihnen das Nachschlagen erleichtern.

Küchensprache

»Nicht maße so leicht jedweder
sich tafelnder Kunst an,
wenn er zuvor nicht tief eindrang
in der Schmäcke Geheimnis.«
(Horaz)

A cheval
Spieler verstehen darunter den Einsatz beim Roulette auf zwei verbundene Nummern, Köche hingegen: in Scheiben schneiden, die nicht auseinanderfallen und schuppenartig nebeneinanderliegen. So lassen sich Früchte, Gemüse, Fleisch und Geflügel dekorativ anrichten.

A la nage
Mit Rudern oder Schwimmen hat das Wort »nage« nur im Schulfranzösisch zu tun. In der Küche heißt es, daß eine Speise in einem würzigen Sud gegart wird; der Sud wird dann mitserviert.

Amuse-bouche
Von diesem »Mund-Vergnügen«, wie es wörtlich übersetzt heißt, kann man auch in konservativen Kreisen ungeniert reden. Der Begriff meint die appetitmachenden Kleinigkeiten, die einem vor einem Menü zum Aperitif gereicht werden.

Anziehen lassen
Für Erwachsene mag das ein hübsches Spiel sein. In Kochbüchern ist damit gemeint, daß etwas auf kleiner Hitze unter häufigem Wenden gedünstet wird, ohne daß es Farbe annimmt.

Aufschäumen
Nicht etwa vor Wut, sondern Butter ganz langsam erhitzen, bis sie großflächig schäumt, aber noch keine Färbung zeigt.

Ausziehen
Bevor Sie den ersten Knopf öffnen, vergegenwärtigen Sie sich, daß Köche beim »Ausziehen« nur vom Speckhemdchen bei Tauben und Fasanen reden. Warum diese kulinarische Bratverpackung »Hemdchen« genannt wird, läßt dennoch Vermutungen zu.

Bain-Marie
Eine gemischte Sauna oder ein Bad nur für Damen ist nicht gemeint. In der Fachsprache bezeichnet man damit ein Wasserbad, bei dem ein Kochtopf von einer entsprechend großen

Schüssel mit rundem Boden verschlossen wird. Das im Topf köchelnde Wasser gibt die Wärme an die Schüssel ab, in der beispielsweise Eier und Zucker oder eine Flüssigkeit mit Eiern zu einer Creme aufgeschlagen werden.

Blanchieren
Hat nichts mit künstlicher Aufhellung der Hautfarbe zu tun. Überbrühen ist die treffende Übersetzung. Empfehlenswert ist Blanchieren (12 Sekunden), wenn Tomaten gepellt werden sollen oder bei Knochen für eine Consommé. Der kurze Aufenthalt in kochendem Wasser bewirkt, daß Poren sich schließen und Eiweißteile und Unreinheiten sich absetzen. Auch bei Gemüsen ist Überbrühen ratsam. Grünes bleibt grün, wenn man es anschließend eiskalt abspült und im Sieb abtropfen läßt.

Brunoise
Keine weibliche Form von Bruno, sondern in regelmäßige, ganz kleine Würfel geschnittenes Gemüse (oder andere Produkte); macht viel Arbeit.

Cocottes
Na, na! Dabei sind's nur feuerfeste Formen aus Porzellan oder Steingut, die besonders gut für Soufflés geeignet sind.

Coulis
Kein französisches Wort aus der alten Kolonie Vietnam für Rikscha-Chauffeure, sondern schlicht und einfach eine Sauce aus Früchten oder Gemüsen.

Julienne
Natürlich gibt es entzückende Mädchen, die auf diesen romantischen Namen hören. Da Köche aber keine Erotomanen

sind, meint die häufige Verwendung dieses Begriffes in der Küche ein in feinste Streifen geschnittenes Gemüse.

Karkasse
Kein maritimes Fahrzeug, sondern das Knochengerüst von Geflügel.

Medaillons, Mignons
Weder trägt man sie am Halse als Schmuckstück, noch handelt es sich um Opernfiguren. In beiden Fällen meint die Speisekarte kleine Scheiben vom Filet; ob Fleisch oder Fisch, ist egal.

Nappieren
Klingt wie die rotwelsche Bezeichnung für Tricks beim Kartenspiel. Dabei heißt es nur: ein Gericht gleichmäßig mit Sauce überziehen.

Parieren
Hunde sollen es, Masochisten wollen es. Doch meint die Küchensprache nur etwas ganz Banales damit: Fleisch von Knorpeln, Sehnen, Haut und Fett befreien. Die Abfälle heißen entsprechend Parüren.

Pochieren
Was nach der Technik von perfekten Taschendieben klingt, ist die besonders schonende Art des Garens in einem geeigneten Fond. Was wir Normalesser als »verlorene Eier« bezeichnen, sind für den Koch »pochierte Eier«. Man stellt sie aus frischen Eiern her, die in Wasser mit Essigzusatz (Verhältnis 1:10) in einem möglichst dickwandigen Topf 2–4 Minuten ganz sanft köcheln. Jedes aufgeschlagene Ei aus einer kleinen Tasse ins Wasser gleiten lassen, dann mit Schaumlöffel herausheben und auf Küchenkrepp trocknen lassen.

Royale
Was immer politisch darunter verstanden werden könnte, in der Küche ist es eine Ei-Sahne-Mischung, die im Wasserbad gegart wird. Mit dem Vorwort »Kir« kombiniert, bedeutet es die Verhunzung von Champagner durch Sirup von schwarzen Johannisbeeren. Rätselhafterweise ein Modegetränk der Schickeria.

Rüsten
Hat in der Küche Gott sei Dank keine militärische Bedeutung. Es faßt Waschen, Putzen und auch Schälen zusammen, eben alles, was notwendig ist, um Gemüse, Früchte und Salate für das Zuschneiden vorzubereiten.

Sabayon
Klingt wie der Titel eines japanischen Gutsherrn, ist aber Eigelb, das mit einer Flüssigkeit im Wasserbad zu Creme geschlagen wird.

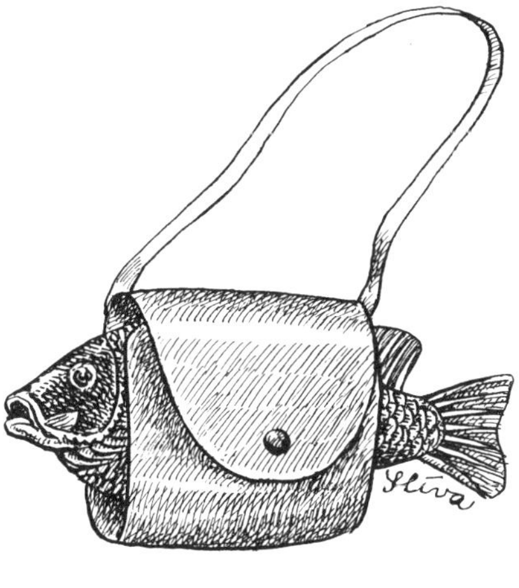

Sautieren
Hat ganz und gar nichts mit dem freimütigen Erzählen unanständiger Witze zu tun. Der Begriff steht für alle A-la-minute-Gerichte, ob geschnetzeltes Fleisch, Geflügel und Pilze. Bei Fleisch immer mit großer Hitze anbraten und nur kleine Mengen auf einmal sautieren. Fällt die Hitze in der Sauteuse (so heißt die entsprechende Kasserolle) ab, zieht das Fleisch Saft und trocknet aus.

Simmern
Eine Stadt im Hunsrück, in der Küche ist es die Vorstufe zum Köcheln. Die Flüssigkeit soll sich beim Simmern nur ganz schwach bewegen.

Zeste
Der Dermatologe muß nicht konsultiert werden, denn Zeste ist die dünn abgeschälte Oberfläche von Orangen oder Zitronen. Anwendung beispielsweise bei Ente à l'orange und diversen Süßspeisen.

Fleisch

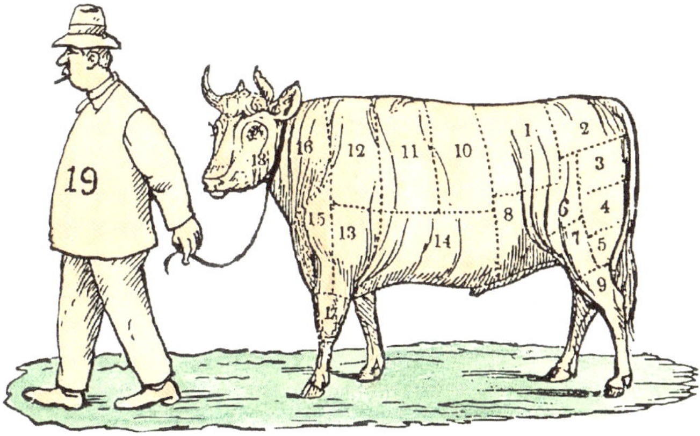

»Es wird mit Recht ein guter Braten
gerechnet zu den guten Taten.«
(Wilhelm Busch)

Rind

Gutes Kochen fängt mit richtigem Einkaufen an. Rindfleisch ist erst nach vierzehn Tagen gut abgehangen. Es soll im Anschnitt nicht zu dunkel sein. Nur an den Außenseiten zeigen dunkle Stellen, daß das Fleisch gut abgehangen ist. Rindfleisch nie zu mager kaufen, das Fleisch soll marmoriert und nicht grobfaserig sein. Grobfaseriges Fleisch stammt vom Bullen und ist nicht sehr zart. Auch große Filets stammen mit Sicherheit vom Bullen.

Wenn Rindfleischstücke ringsum von Haut umzogen sind, können Fett und Saft nicht so schnell austreten wie bei einem angeschnittenen Stück – das Fleisch bleibt saftiger. Angeschnittene Stücke sind sinnvoll, wenn Aromen, beispielsweise Gewürze, in das Fleisch eindringen sollen.

»Die Entdeckung einer neuen Speise trägt mehr zur Glückseligkeit des menschlichen Geschlechts bei als die Entdeckung eines neuen Kometen.«
(Brillat-Savarin)

Eine Spezialität, die ich zu gekochtem Rindfleisch besonders gern esse, gibt es in der Gegend um Cremona: Mostarda di Cremona. Sie besteht aus kandierten Früchten in süßem Sirup mit Senfgeschmack, hat aber im eigentlichen Sinn mit Senf nichts zu tun. Mostarda ist seltsamerweise auch der Name einer süßen Speise aus Sizilien, die aus Traubenmost gemacht wird.

Braten
von der Schulter schneiden lassen. Das ist preisgünstiger, und die Stücke sind nicht so groß wie die vom Schlegel. Die Schulter ist das große Bratenfleischstück aus dem Vorderviertel. U. a. werden daraus *Bugschaufel* und *Mittelbug* geschnitten, die sich vorzüglich zum Braten und Schmoren im Topf oder im Ofen eignen.

Brustspitze und Mittelbrust
Durchweg wie gewachsen angeboten. Beides ist kerniges, fe-

stes Kochfleisch, mit Fett durch- und überzogen. Sie ergeben einen deftigen Eintopf und bestechen durch ihren niedrigen Preis.

Das Geheimnis erstklassig gebratener *Filetsteaks* – auch von *Roastbeef* und *Rumpsteaks* – besteht darin, sie nach dem Braten mindestens fünf Minuten im geschlossenen Ofen bei 75 Grad ruhenzulassen. Also: Nie aus der Pfanne direkt auf den Teller.

Wenn ein *Fleischfondue* geplant ist, wickle ich das dafür bestimmte Fleisch in ein mit Cognac getränktes Tuch und lege es über Nacht in den Kühlschrank. Das Fleisch bekommt so ein kräftiges, unvergleichliches Aroma.

Es kommt immer mehr in Mode, das Fleisch für *Gulasch* in sehr kleine, mundgerechte Happen zu schneiden. Das geht auf Kosten der Saftigkeit der einzelnen Stücke. Ich lege meinen Gästen zum Gulasch lieber ein Messer mit auf.

Hohe Rippe
Ein Teil des Rückens und das beste Stück zum Kochen, weil die Marmorierung und die zarte Fleischfaser dieses Stück besonders wertvoll machen. Aber auch zum Braten und Grillen kann es sehr gut verwendet werden.

Ochsenschwanz
hat bekanntlich eine ziemlich lange Garzeit. Um allzu große Unterschiede zu vermeiden, kaufe ich bei meinem Metzger einen ganzen, zerteilten Ochsenschwanz. Stammen die Stükke von verschiedenen Tieren, werden die Garzeiten wegen des unterschiedlichen Alters der Tiere nämlich schwer berechenbar.

Quer- oder Flachrippe
So heißt das Stück vom Rind, das den Brustkasten bildet. Zum Kochen ist es gut geeignet, weil es Fleisch, Fett und Knochen in günstiger Zusammenstellung enthält.

Rumpsteak
muß mindestens fingerdick geschnitten sein, ein *Filetsteak* zwei Finger dick.

Tafelspitz
schneidet der Metzger auch vom Schlegel, obwohl eine abgehangene Schulter beziehungsweise Schwanzstück oder Hüftdeckel vorzuziehen sind. Diese Stücke sind nicht so groß und saftiger.

Das *Zungenstück* (Nacken) ist die Fortsetzung der Hohen Rippe zum Hals. Es ist ein Gulaschfleischstück, ergibt aber auch einen preiswerten und saftigen Rinderbraten.

»Ein Mensch beim Essen ist ein gut Gesicht,
wenn er nichts denkt und nur die Kiefer mahlen,
die Zähne malmen und die Blicke strahlen
von einem sonderbaren Urweltlicht.«

(Carl Zuckmayer)

Kalb

Brust von Mastkälbern ergibt einen guten Braten. Gefüllt ist sie eine Delikatesse. Aber auch für Ragout und Frikassee ist dieses Teilstück gut geeignet.

Filets dürfen nicht zu groß sein. Kalbsfilets sind heute oft so groß wie Jungrinderfilets. Große Stücke sind aber ein Zeichen dafür, daß das Kalb hochgemästet ist, und Fleisch von großen Kälbern ist wäßrig. Richtige Größe: etwa wie ein Schweinefilet. Wenn keine kleinen Stücke erhältlich sind, sollte man wenigstens kein sehr helles Fleisch kaufen (sonst sind die Kälber mit Hormonen behandelt). Nur Milchkalb, das vier bis sechs Wochen alt ist, hat helles Fleisch. Hier kann man ruhig kleinere Stücke kaufen. Es ist nur selten im Handel zu finden; deshalb allgemein auf dunkleres, gesünderes Fleisch mit einem rosa Farbton achten.

Das gleiche gilt für *Koteletts*. Auch sie sollen nicht größer als Schweinekoteletts sein. Auf eine leicht rosa Farbe achten. Kalbfleisch soll immer leicht durchwachsen sein, weil es sonst schnell trocken wird. Schnitzel darf dagegen mager sein, besonders, wenn das Fleisch geschnetzelt werden soll.

Gulasch
Fleisch (etwas durchwachsen) in größere Stücke schneiden.

Die *Nuß* stammt aus der Keule. Sie eignet sich im ganzen Stück zum Braten oder auch zu Schnitzeln. Schnitzel aus der Nuß sollten immer quer zur Faser geschnitten sein.

Die *Oberschale* stammt ebenfalls aus der Keule und ist ein fast fettfreies, zartfaseriges Stück. In Scheiben geschnitten ergibt sie wertvolle Schnitzel. Der Rücken besteht aus dem Nacken und dem Kotelettstück. Aus dem ganzen Rücken können Koteletts geschnitten werden, ausgelöster Rücken ergibt Bratenstücke oder, in Scheiben geschnitten, Schnitzel.

Schwein

»Mein Küchenmotto: Vom Einfachsten das Beste.«

(Alfred Biolek)

Zwei Jahre arbeitete eine achtköpfige Kommission der EU, um die Handelsklassen für Schweinefleisch neu zu benennen. Was vorher I, II, III und IV war, heißt jetzt E, U, R und O (Euro!). Dafür wird es wohl bald den Nobelpreis geben.
Die höchstbezahlte fettarme Handelsklasse bei Schweinen ist also E. Geschöpfe, die dieser Qualitätsnorm entsprechen, stammen aus der Massentierhaltung und sind so dünn, daß ohne Zukauf von Speck keine gute Wurst aus ihrem Fleisch hergestellt werden kann.

Gutes Schweinefleisch muß im Anschnitt marmoriert sein, das heißt von feinen Fettäderchen durchzogen. Schweinefleisch ist durch die Züchtung des europäischen Magerschweins heute oft wäßrig. Weniger wäßriges Fleisch ist dunkler, sieht kompakter und nicht wabbelig aus. Auslaufendes rötliches Wasser ist kein gutes Zeichen.
Durchwachsenes Schweinefleisch hat gegrillt oder als Braten einen besseren Geschmack als mageres. Braten aus der Schulter oder Schaufel kaufen.

Die *Schulter* ist ein Universalstück, das sich besonders gut als Schweinebraten eignet. Sie wird in zwei Arten angeboten:

- mit eingewachsenem Knochen, natürlichem Fettbesatz und Schwarten, die man gleich vom Metzger kreuzweise einschneiden läßt. Preiswert.
- knochenlos und ausgelöst, entschwartet, mit wenig Fett. Das ist entsprechend teurer.

Saftig und unproblematisch ist *Hals* (*Nacken* oder *Kamm*). Er ist stark durchwachsen und bleibt immer saftig, auch wenn er einmal zu lange gebraten wird. Schweinehals wird in drei Formen angeboten: wie gewachsen, als kräftiger Braten; ausgelöst, ebenfalls zum Braten; in Scheiben geschnitten als Nackenkotelett. In jedem Fall ein besonders saftiges Stück Fleisch.

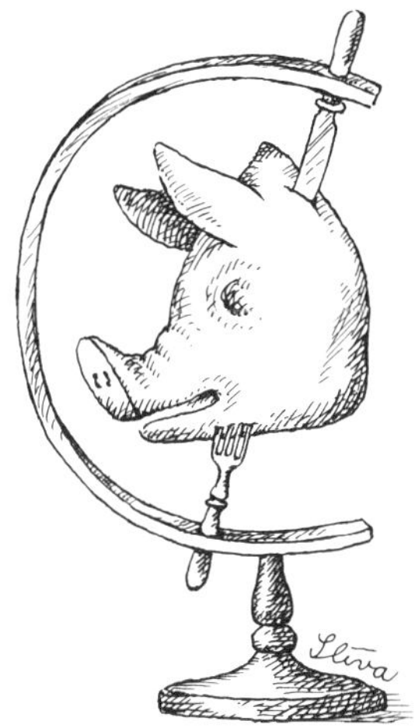

Gulasch
Am besten von der Schulter, aus Beinfleisch (Haxe kaufen und selbst schneiden!) oder vom Rohrknochen statt von der Schaufel schneiden lassen, weil das Fleisch dort durchwachsener ist. In große Stücke schneiden, das Fleisch bleibt saftiger.

Beim *Schweinebauch,* wie gewachsen und ohne Knochen, ist am Anschnitt erkennbar, ob es sich um einen mageren oder fetteren Bauch handelt. Der magere Bauch läßt sich in dünne Scheiben von 1–1,5 cm schneiden, die man wie Schnitzel oder Koteletts braten oder in Sauerkraut einlegen kann.

Eisbein, auch *Haxe* genannt, sitzt am Hinterschinken und an der Schulter. Der Knochenanteil ist unterschiedlich, wenn das Eisbein nicht als Ganzes verkauft, sondern in Scheiben geschnitten wird, ganz gleich, ob es sich um Vorder- oder Hinter-Eisbein handelt. Sowohl zum Braten als auch zum Mitkochen geeignet.

Als Berliner hat mich besonders interessiert, woher der Name »Eisbein« kommt. Er stammt aus jener Zeit, als man noch aus den Dickbeinen des Schweins die Kufen für Schlittschuhe schnitzte. Der kräftigste Schweineknochen, das Schienbein, wurde so zum »Eisbein« umfunktioniert.

Das Mittelstück vom Kotelettstrang liefert vor allem die *Stielkoteletts* und *Kasseler.* Ausgelöst vom Knochen auch ein gutes Schnitzel-Stück mit relativ kleiner Anschnittfläche.

Immer wieder liest man, das beste Kasseler gibt's in Kassel, weil es da herkommt. Diese Küchenweisheit können Sie in den Papierkorb schmeißen. Das Kasseler, fachlich auch Kasseler Rippenspeer genannt, hat vor rund 100 Jahren ein Fleischer namens Cassel erfunden. Der schrieb sich mit C und hatte in Berlin ein gutgehendes Fleisch- und Wurstgeschäft. Ihm allein verdanken wir das gepökelte und geräucherte Rippenstück vom Schwein.
Erst später fing man an, auch vom Kamm, von der Schulter oder vom Bauch unseres guten deutschen Schweines nach dem alten Rezept andere Kasseler-Teile herzustellen. Welches Teil auch immer: Kasseler ist eine Delikatesse! Ob gebraten, im Ofen gebacken oder als herzhafte Einlage in Eintöpfen. Einen Erbseneintopf ohne Kasselerbröckchen kann man vergessen.

Lummerkoteletts sind Koteletts vom Filetstück. Sie sind teuer, aber auch wertvoll (ausgelöst und ohne Knochen ergeben sie auch den klassischen Schweinerollbraten).

»Unser Magen ist kein Vergnügungslokal,
sondern eine Kraftzentrale!«
(Friedrich Wolf)

Die Teilstücke vom Schwein lassen sich so zubereiten:

Kopf: Kochen, Eintopf, Sülze
Nacken, Hals, Kamm: Braten, Kotelett, Rollbraten
Schaufel, Bug, Blatt, Schulter: Braten, Geschnetzeltes, Gulasch
Brustspitze, Dicke Rippe: Braten, Kochen, Grillen, Spieß
Bauch, Bauchlappen, magerer Speck: gebraten, gekocht, im Eintopf
Keule, Nuß: Braten, Schnitzel
Eisbein, Haxe, Dickbein: Grillen, Kochen, Braten
Spitzbein: Kochen, Eintopf, Sülze
Innereien: gebraten, gekocht, geschmort

Innereien

»Wer über Schillers Trauerstücken einschläft,
der hat seinen eigenen Geschmack.
Wer aber bei einer leckeren Mahlzeit gähnt,
der hat gar keinen –
er gehört unter die Hottentotten.«
(Anonym, 19. Jahrhundert)

Allen Skeptikern zum Trotz gönne ich mir mindestens einmal im Monat zarte *Kalbsnierchen*. Das sind die Spielregeln: Eine Stunde wässern oder in Milch einlegen, nicht zu lange braten oder schmoren, sonst werden sie zäh, und erst nach dem Garen salzen. Dazu paßt vorzüglich eine Moutarde. Zu dieser Senfrahmsauce muß es ein Senf aus Dijon sein.

Kalbsbries, auch Bries, Kalbsmilch, Kalbsröschen und Schweser genannt, ist die stark ausgebildete Thymusdrüse, die nur das Kalb aufweist und die sich beim erwachsenen Tier zurückgebildet hat. Sie sitzt im vorderen Teil der Brusthöhle, ist etwa 250–350 g schwer und regelt Wachstum und Knochenbildung.

Um *Kalbshirn* küchenfertig zu machen, muß die Haut mit den darin befindlichen Blutgefäßen entfernt werden. Einfachste Methode: Salzwasser mit einem Schuß Essig zum Kochen bringen und das Hirn für etwa 2 Minuten hineinlegen. Mit dem Schaumlöffel herausnehmen. Mit kaltem Wasser abgespült, läßt sich das Hirn mühelos schälen. Hirn gleicht im Biß hartgekochtem Eiweiß und ist leicht verdaulich.

Herz besteht aus magerem, zart-festem Muskelfleisch. Es ist reich an Eiweiß und Mineralstoffen und enthält alle wichtigen Vitamine.

Kalbsherz ist hellbraun und wird wegen seines sehr zarten Geschmacks bevorzugt. Es wiegt etwa 400–600 g und wird im Ganzen verkauft. Die Garzeit beträgt ungcfähr cinc Stundc. Kalbsherz enthält viel Magnesium und Vitamin E.

Rinderherz hat eine kräftige braune Farbe. Es wiegt bis zu 1 kg und wird im Ganzen oder in Scheiben verkauft. Die Garzeit ist entsprechend hoch: bis zu zwei Stunden. Wer Rinderherz braten will, kocht es am besten etwa 45 Minuten vor. Rinderherz ist besonders reich an Eisen.

Schweineherz ist von rotbrauner Farbe und benötigt bei einem Gewicht von 300–400 g eine Garzeit von 60–75 Minuten. Schweineherz hat einen hohen Gehalt an Calcium und Vitamin A.

Leber ist reich an Vitaminen und Mineralstoffen. Sie hat einen außerordentlich hohen Gehalt an leicht resorbierbarem Eisen. Der Eisengehalt beträgt je 100 g: Kalbsleber 10,2 mg, Rinderleber 6,6 mg, Schweineleber 20,6 mg. Immer erst nach dem Braten salzen, niemals vorher! Sonst wird sie hart. Gebratene Leber verträgt sich besonders gut mit Zwiebeln, Salbeiblättern und einigen dünnen Apfelscheiben.

Kalbsleber hat eine helle, braunrote Färbung. Ihre Gewebestruktur ist fein und locker. Rinderleber ist etwas größer und von braunroter Farbe. Ein Tip: Rinderleber vor der Zubereitung in Milch legen. Dadurch gewinnt sie noch an Geschmack. Für viele Gerichte ist Jungrindleber der teureren Kalbsleber vorzuziehen.

Schweineleber erkennt man an der fein porösen und leicht körnigen Schnittfläche. Die Farbe ist braunrot mit einem leichten Blauton.

Zunge ist reich an Vitaminen der B-Gruppe, die für die Funktion des Nervensystems unentbehrlich sind, die Gewebsatmung kräftigen und die Haut straffen. Man verwendet Zungen vom Rind, Kalb und Schwein. Am schmackhaftesten ist die Kalbszunge, sie ist auch am teuersten. Zungen werden nur im Ganzen angeboten: frisch, gepökelt oder geräuchert. Rinderzungen wiegen 1–2 kg, Schweinezungen ca. 400 g und Kalbszungen 600–800 g.
Kochzeiten: Rind (Ochsen) bis 3,5 Stunden, Kalb bis 2,5 Stunden, Schwein ca. 1 Stunde.

Hackfleisch

Einen leidenschaftlichen Koch stört kein Hand-Gemenge. Wer beim Hackbratenkneten durchaus saubere Hände behalten möchte, kann alle Zutaten in einen geräumigen Gefrierbeutel füllen und sie dann ordentlich durchkneten. Einen Laib formen und aus dem Beutel direkt aufs Bratblech gleiten lassen.

Für Leute, die es gern präzise haben: Fleischklößchen werden gleich groß, wenn man die Masse in eine Eiswürfelschale fest eindrückt. Danach die einzelnen Würfel mit einem bemehlten Löffel herausnehmen und kleine Bällchen formen.

Hackbraten schmeckt besonders gut, wenn man das gut ausgedrückte Weißbrot vorher in heißer Butter mit Zwiebeln und Kräutern röstet und dann erst unter den Fleischteig mengt. Als schlichtes, sättigendes Alltagsessen serviere ich manchmal »Hackbraten im Schlafrock«. Eine Viertelstunde bevor der Braten fertig ist, gebe ich eine dicke Schicht Kartoffelbrei drüber, bestreiche alles mit Butter und schiebe es noch mal in die Röhre, damit eine schöne goldbraune Farbe entsteht.

Meine Frikadellen (Buletten) sind immer saftig. Der Trick: Beim Formen jeweils einen halben Teelöffel Quark in die Mitte geben. Außerdem erhält der schlichte Fleischklops auf diese Weise eine pikante Geschmacksnote.

Beim Auftauen von gefrorenem Hackfleisch streue ich ungefähr die Menge Salz drüber, die ich später zur Zubereitung verwenden würde. Auf diese Weise wird der Tauprozeß beschleunigt.

Lamm

»Gewürzhafte Speisen und gehaltvolle Getränke begeistern zu den schönsten poetischen Erzeugnissen; wer aber nur Kartoffeln und Brunnenwasser im Leibe hat, wird schwerlich mehr als Knittelverse machen.«

(Johann Konrad Friedrich)

Bei der Zubereitung von Lammfleisch sind der Phantasie kaum Grenzen gesetzt. Lammfleisch läßt sich braten, grillen, schmoren, dünsten oder auch in Krautblätter oder Blätterteig einwickeln. Es läßt sich in Buttermilch, Essig, Rotwein oder Weißwein beizen, mit Knoblauch oder Karotten spicken, mit Saucen aus Majoran oder Pfefferminze übergießen und als Eintopf mit Möhren, Kartoffeln und Zwiebeln zusammen kochen.

Zum Braten oder Schmoren nicht das Fett entfernen! Man muß es ja nicht mitessen, aber es vermittelt das Aroma und ist wichtig für den saftigen, guten Geschmack des Fleisches. Zum Würzen eignen sich Zwiebeln, Senf, Knoblauch, Pilze, Wacholderbeeren, Thymian, Dill, Estragon, Paprika, Pfeffer, Curry, Lorbeerblätter, wilder Majoran (Oregano).

Die besten Stücke zum Braten sind Koteletts, der ausgelöste Lammsattel, die nicht ganz zwei Finger dicken *lamb chops* zum Grillen oder der ganze ausgelöste Sattel als Rollen, sowie Steaks und Medaillons aus der Nuß oder anderen Teilen der Keule.

Lammbraten läßt sich gut aus der Schulter machen. Sie sollte nicht zu fett sein.
Lammragout am besten aus der Schulter oder aus dem Bauch

schneiden lassen. Es darf etwas durchwachsen sein. Beim Braten oder Kochen tritt das Fett aus und läßt sich leicht abschöpfen.
Lammfleisch-Stücke dürfen nicht so groß sein. Sonst handelt es sich um Schaf oder Hammel. Auf dunkles Fleisch achten. Bei Schlegel wichtig: Je größer die Keule, desto älter das Tier und zäher das Fleisch.

Woran erkennt man bei einer Keule, ob sie vom Hammel oder Lamm stammt? Die Bezeichnungen hängen vom Alter des Tieres ab. Man erkennt es am Gewicht. Wiegt die Keule 1,5–1,8 kg, stammt sie vom Milchlamm (1–3 Monate alt). Vom 4. bis zum 6. Monat heißt es dann Lamm, und die Keule darf höchstens 2,8 kg wiegen. Bis zu einem Jahr ist es dann ein Hammel, die Keule ist schwerer als 2,8 kg. Älter als ein Jahr sind es Schafe, und die werden zum Verzehr nicht mehr gehandelt.
Erst habe ich es mit Zucker probiert. Das Resultat war mäßig. Dann kam ich darauf, daß es Honig sein muß. Und so entstand der Dip zur Lamm- oder Hammelkeule, auf den man nicht mehr verzichten wird: Ein Glas Joghurt, eine Handvoll Haselnußkerne, gemahlen, mit zwei Eßlöffeln flüssigen Honigs verrühren und vorsichtig mit Cayennepfeffer würzen. Am besten ein Fleischstückchen in Mint- oder Bratensauce tunken, die nächste Gabel mit dem Dip würzen – und so weiter.

»Die Küche macht das Haus, nicht die Tapete.«

Gartechniken

Kochen
Bei 98–100 Grad. Garen in wallender Flüssigkeit. Die Flüssigkeit muß immer lebhaft kochen und das Kochgut bedecken.

Garziehen lassen
Bei 70–98 Grad. Garen bei Temperaturen unter dem Siedepunkt. Flüssigkeit darf nicht wallen!

Dämpfen
Um 100 Grad. Garen im Wasserdampf.

Dünsten
Um 100 Grad. Garen in wenig (hellem) eigenem Saft bei geschlossenem Topf, gegebenenfalls etwas Fett zugeben.

Schmoren
100–150 Grad. Garen in wenig (gebräuntem) eigenem Saft. Vorher anbraten mit Fett. Wenig, aber ständig Flüssigkeit zugeben.

Kurzbraten
180–200 Grad. Garen in wenig heißem Fett.

Braten
180–250 Grad. Garen in (wenig) heißem Fett, auch im Back- oder Bratofen mit heißer Luft und/oder Strahlungshitze.

Grillen
Etwa 350 Grad. Garen durch intensive Wärmestrahlung, Oberfläche des Grillguts gegebenenfalls mit Öl bestreichen.

Fritieren

Schwimmend im etwa 200 Grad heißen Fett. Alle fritierten Gerichte sind gut bekömmlich. Es stimmt nicht, daß in Fett schwimmend gebackene Speisen zu fetthaltig sind. Die Poren des Backgutes schließen sich sofort, das Fett kann nicht eindringen, Fleischsaft nicht austreten. Immer so viel Fett verwenden, daß das Fritiergut schwimmen kann. Immer die gleiche Sorte Fett verwenden, niemals Pflanzen- mit tierischem Fett vermischen.

Tips rund um die Fleischküche

»Küsse vergehen, Kochkunst bleibt bestehen.«
(George Meredith)

Ein immer wieder vorkommender Fehler: Zum Begießen eines Bratens wird kaltes Wasser genommen. Das aber macht das Fleisch sofort hart. Nimmt man statt dessen kochendes Wasser, bleibt der Braten zart.

Meine Bratensauce wird deswegen immer kräftig, weil ich die braune Rinde von einer dicken Scheibe Schwarzbrot mitschmoren lasse. Wenn man die Sauce vor dem Anrichten durchpassiert, ersetzt die Brotrinde auch andere Bindemittel.

Den besonderen Pfiff kriegt die Bratensauce auch dadurch, daß ich eine Apfelscheibe beilege oder einen ganzen, mittelgroßen Apfel mitbraten lasse. Oder ich bräune etwas Zucker in einer Pfanne an, lösche mit Apfelsaft oder Wein und gebe diese Mischung an die fast fertige Sauce.

Zum Tranchieren (Fleisch in Scheiben schneiden) benötigt man als Werkzeug ein Holzbrett, eine zweizinkige Gabel, ein langes, spitzes, sehr scharfes elastisches Messer (und bei Geflügel eine Geflügelschere). Das Messer beim Schneiden nicht mit Gewalt eindrücken, sondern leicht durch das Fleischstück ziehen. Für alle Fleischsorten gilt: quer oder schräg zur Faser schneiden.

Es kommt zwar selten vor, daß von meinen Bratensaucen etwas übrigbleibt. Falls aber doch, so friere ich die Reste in kleinen Eiswürfelschalen ein und verwende sie später zur schnellen Verfeinerung von Suppen oder Gemüse.

Zum Klären von Fleischbrühe verwende ich flüssiges Eiklar, das ich, mit Hackfleisch vermengt, in die Bouillon gebe. Das Eiweiß bindet die Partikel, die die Suppe trüben. Das Hackfleisch gibt zusätzlich Kraft und Geschmack. Dann nur noch abseihen.
Oder man macht's so: Bouillon kalt werden lassen und entfetten. Eine Möhre, 30 g Sellerie und 30 g Porree putzen und klein schneiden. Mit 1–2 Eiweiß in einer Schüssel mischen und in die Bouillon geben. Bei milder Hitze vorsichtig aufkochen, dann sofort vom Herd nehmen, 20 Minuten ziehen lassen und alles durch ein Tuch gießen.

Es gibt immer noch Leute, die glauben, man könne Fleisch durch kurzes, äußeres Anbraten für längere Zeit konservieren. Das ist einer von Omas Tips, die am besten das Zeitliche gesegnet hätten. Denn die Salmonellen im Inneren des Bratens kriegen es durchs Anbraten so richtig schön warm zum Sichvermehren.

Alufolie ist nicht für alle Lebensmittel das geeignete Verpackungsmaterial. Stark säure- und salzhaltige Nahrungsmittel greifen die Alufolie an. Auf der Folie und auf den Lebensmitteln entstehen dabei graue oder weiße Flecken (Aluminiumsalze). Besondere Vorsicht geboten ist bei Salami, geräuchertem Schinken und Pökelfleisch wegen ihres Gehaltes an Nitritpökelsalz.

Bei Alufolie ist die blanke Seite hitzeabweisend. Jedesmal sehe ich wieder auf der Packung nach, ob blank oder stumpf nach außen gehört. Nur – es steht leider nicht drauf, obwohl der Unterschied beim Garen bis zu eine Stunde ausmacht, vom Energieverbrauch ganz zu schweigen. Also: im Ofen die stumpfe Seite nach außen!

Flache Fleischstücke werden am besten in gefrorenem Zustand in der Pfanne oder unter dem Grill zubereitet. Dazu gehören Steaks jeglicher Art, Schnitzel, Koteletts, Leber – alle unpaniert –, Bratwurst, auch Schweinefilet im Ganzen oder in Stücken. Will man die Stücke später panieren, nur so weit antauen lassen, daß Gewürze und Panade haftenbleiben.

Den besonderen Geschmack des Holzkohlengrills nutze ich voll aus, indem ich einige zusätzliche Steaks angrille. Dieses nur kurz angebratene Fleisch friere ich sofort ein. So habe ich später, wenn`s draußen längst ungemütlich ist, jederzeit Fleisch, das ich nur noch fertigbraten muß, das aber so schmeckt, als sei es draußen gebraten.

Beim Grillfleisch auf Wacholderbeeren oder Lorbeerblättern herumzubeißen, ist nicht meine Sache. Auch Rosmarin in den Zähnen stört mich beim Essen. Ich streue derlei Würze einfach in die Glut meines Grillfeuers. Das reicht vollkommen aus, das Fleisch angenehm zu aromatisieren.

Ein Tip zum Fleischgrillen: große Salatblätter auf die Glut legen, falls das tropfende Fett Feuer fängt. So kann das Fleisch nicht verbrennen.

Wenn ich bei einem Picknick ein Stück Schweinefilet oder -schulter grillen will, reibe ich das Fleisch zuvor mit einer Mischung aus Salz, Pfeffer und Zucker ein, lasse es etwas ziehen und bepinsele es anschließend leicht mit Öl, bevor ich es auf den Grillrost lege.

An- oder aufgetaute Fleischstücke vor dem Anbraten abtrocknen. Alle zubereiteten Braten vor dem Aufschneiden 15 Minuten ruhenlassen, damit der Fleischsaft nicht ausläuft.

Um eine besonders knusprige Schwarte für meinen Schweinebraten zu bekommen, streiche ich ihn ca. 10 Minuten vor Ende der Garzeit mit hellem Bier ein und lasse ihn anschließend scharf nachbraten.

Zum Spicken feiner Braten nehme ich am liebsten »grünen Speck« (Luftspeck). Der ist trocken gesalzen, nicht geräuchert und nur an der Luft getrocknet. Er läßt dem Eigengeschmack des Bratens den Vortritt.

Schinkenspeck vor dem Braten ein paar Minuten in kaltes Wasser legen, dann wellt er sich nicht so stark. Außerdem steche ich ihn an mehreren Stellen mit der Gabel ein, weil er dann fast gar nicht schrumpft.

Wenn ich Schinkenspeck oder Schinken in Scheiben geschnitten einfrieren will, lege ich ihn vorher auf Folie oder Pergamentpapier und rolle das der Länge nach ein. Die Rolle wird dann in einem Plastikbeutel eingefroren. So läßt sich später die einzelne Scheibe gut entrollen.

Rouladen-Festival

❖

Rinderrouladen sind was Besonderes. Es gibt sie nur in der deutschen Küche, sie sind einfach zuzubereiten und schmecken köstlich. Rouladen eignen sich so gut wie kaum ein anderes Gericht zum Einfrieren und halten sich so bis zu 6 Monaten. Auch aus Schweinefleisch lassen sich leckere Rouladen machen.

Rindfleisch für Rouladen kauft man immer vom Schlegel. Die Rinderroulade ist ohne den eingerollten Speckstreifen, ohne Salzgurkenkeil und Frühlingszwiebel, ohne Senf, Paprikapulver und schwarzen Pfeffer nicht denkbar. Sie belohnt diese Ausstattung mit einer traumhaften Sauce. Wenn man etwas

gehackten Porree mit einwickelt, bleiben die Rouladen besonders saftig. Damit das Fleisch beim Schmoren nicht so stark einschrumpft, gebe ich noch einige Reiskörner mit hinein.

Wenn ich Rouladen auftische, liefere ich nicht gleich die Zahnstocher mit. Auch Bindfaden gehört nicht unbedingt zu den notwendigen Beilagen einer Roulade. Ich lasse die vorbereiteten Fleischrollen über Nacht im Kühlschrank liegen, dann rollen sie sich auch später im Bräter nicht auf.

Der entscheidende Trick für gute Rouladen – ob Rind oder Schwein – ist das scharfe Anbraten. Da darf man nicht vom Herd weg, weil man sie so lange umdrehen muß, bis sie auf allen Seiten richtig dunkelbraune Streifen haben. Anbrennen wäre zuviel des Guten, aber fast bis dahin, sozusagen ein klein wenig außerhalb des Legalen. Und erst dann ablöschen. Ein Schuß Cognac hilft beim Zartgaren.

Die Schweineroulade – wenn ich Ihnen nur die wichtigsten Zutaten nenne und Sie dann keinen Appetit kriegen, sollten Sie vielleicht doch auswandern. Sie wird aus der Schweineschulter geschnitten und mit Lauch, Butterkäse, grünem Paprika und Dill gefüllt. Gewürzt wird die Fleischscheibe fast so wie die Rinderroulade. Nur Tomatenmark kommt noch dazu.

Ich kaufe mir für das Rouladen-Festival gleich 8 Scheiben vom Rind und 8 vom Schwein; denn je 8 fertige Rouladen werden mit Sauce in Zweier- oder Vierergruppen eingefroren.

Wenn Sie außer Salzkartoffeln oder Kartoffelpüree noch eine Beilage wollen, empfehle ich Ihnen zur Rinderroulade Rotkohl oder Rosenkohl, während zur Schweineroulade Mischgemüse oder grüne Bohnen besser passen.

Hohe Schule der Haxn

❖

Mit der Orthographie fängt alles an: Wer statt Haxn »Haxen« schreibt, ist bereits als Ignorant gebrandmarkt. Seit Beginn unseres Jahrhunderts schwelt zwischen professionellen deutschen und österreichischen Haxn-Bratern ein erbitterter Streit um die Zubereitung von Schweine- und Kalbskeulen. Gewürzt eine Nacht liegenlassen und dann ohne Umschweife gebraten ist die These der Deutschen; erst überwellen, dann würzen und braten der Kriegsruf der Österreicher.

So mach's ich: Die frischen Schweinshaxn werden

am Vorabend mit einer pulverisierten Mischung aus Beifuß, Kümmel, Wacholder, schwarzem Pfeffer und Salz eingerieben. Dann werden sie ganz kurz vorgebraten, die Schwarte wird schachbrettartig eingeschnitten, und jetzt gibt´s »volles Rohr«. Das heißt, bei großer Hitze wird zunächst die Kruste glasig gebraten, danach die Temperatur reduziert und das Fleisch langsam gegart (Garzeit etwa 2,5 Stunden).

Getreu dem bayerischen Spruch: »Gmüs gibt´s erst, wenn´s die Sau gfressen hat« kommt als ideale Beilage nicht etwa das so naheliegende Sauerkraut in Frage – das wird zwar auch serviert –, sondern nach Meinung von Experten (und typisch bayerisch) Krautsalat aus rohem Weißkohl, Meerrettich oder Senf.

Auch die Kalbshaxn wird mit der gleichen Gewürzmischung, nur mit etwas weniger Salz vorbereitet. Über Nacht ziehen die Aromen ins Fleisch, und am nächsten Tag ist sie bratfertig. Weil die Kalbskeule keinen Fettmantel hat, der sich in krachende Kruste verwandelt, wird sie während des Bratens bei mittlerer Temperatur immer wieder mit ihrem Saft übergossen. Die Bratzeit beträgt mindestens zwei Stunden, erst dann ist eine solide Kalbshaxe, die für sechs Personen reicht, fertig. Als Beilage empfehlen sich frische Salate oder junges Gemüse und Kartoffelknödel.

Den Haxn, der vom Schwein und der vom Kalb, ist gemeinsam: Sie werden immer mit dem Knochen gebraten.

In vielen Kochbüchern ist die Rede davon, daß man, bevor es an den Herd geht, Fleisch parieren soll. (Parieren heißt: mit einem scharfen Messer von Haut, Fett und eventuellen Sehnen befreien.) Nichts wäre bei einer Kalbshaxe schlimmer! Die Haut muß bleiben. Der große deutsche Gastronom Alfred Walterspiel gab die einleuchtende Begründung. In seinem Buch »Meine Kunst« schreibt er: »In meinen jungen Jahren habe ich gelernt, bei Kalbfleisch die Haut zu entfernen, um es dann durch Spicken saftig zu halten. Trennen wir uns davon und lassen die

Haut auf dem Fleisch. Was nützt der Saft des Fleisches, wenn er sich nur in der Sauce findet?« Recht hat er.

Meine Erfahrung mit der geschmorten Kalbshaxe: erst zu drei Vierteln garkochen und dann zum Schmoren in den Ofen. (Nur die Schweinshaxe bedarf dieser Vorbereitung nicht.) Schmoren ist nichts anderes als höher entwickeltes Dünsten bei nicht zu hoher Temperatur. Anbraten etwa bei 190 Grad, dann mit 170 Grad vollenden. Für 500 g braucht man mit oder ohne Knochen ca. 25 Minuten. Immer muß der Boden des Bräters höchstens fingerdick mit der Kochflüssigkeit bedeckt sein, und die Haxe will regelmäßig begossen werden. Hände weg vom Grill, dafür ist das Kalb zu zart. Nur die feuchte Hitze läßt die natürliche Gelatine am Knochen sanft schmelzen.

»Vor dem Abschmecken muß die Zunge in einem Schlückchen Wein gebadet werden.«
(Friedrich Schlotterbeck)

Der Kenner wird auf den markhaltigen Knochen der Haxe – gekocht oder geschmort – nicht verzichten und das Mark auf einer kleinen gerösteten Schwarzbrotscheibe heiß als Vorspeise genießen. Hier ist als Krönung eine Anleihe beim Ossobuco erlaubt: Gremolata, jene Mischung aus feingehackter Petersilie mit abgeriebener Zitronenschale und einer Spur zerdrücktem Knoblauch. Auf das Markbrot gestreut – überirdisch! Wer dies alles beherzigt, auf den wird der Vers von Joachim Ringelnatz auch dann zutreffen, wenn er nördlich vom Haxn-Äquator leben muß:

»Und Kalbshaxn und Kalbshaxn.
Wir sind keine Preußen.
Wir sind keine Sachsen.
Wir sind keine Spießer,
wir sind Genießer.«

Die Krönung aller Kalbshaxn-Rezepte ist für mich das Ossobuco. *Wenn es ganz stilecht sein soll, wird es mit Risotto aus rundkörnigem Arborio-Reis, auf jeden Fall aber mit Reis serviert. Die Kräuter-Zitronen-Mischung der Gremolata ist unumgänglich.*
Angeblich soll es in der Lombardei Feinschmecker geben, die die ganze Prozedur der Ossobuco-Zubereitung nur deswegen auf sich nehmen, um mit einem speziellen Löffel das Mark – mit Gremolata bestreut – zu essen. Und so wird Ossobuco alla milanese (Kalbshaxe Mailänder Art) zubereitet:

Zubereitungszeit: 2 Stunden
Zutaten für 6 Portionen:
1 Kalbshaxe (beim Einkauf in 3–5 cm

dicke Scheiben sägen lassen)
Salz
schwarzer Pfeffer aus der Mühle
Mehl zum Wälzen
50 g Butter
2 EL Olivenöl
1 Tasse feingehackte Zwiebeln
1/2 Tasse feingehackte Möhren
1/2 Tasse feingehackter Staudensellerie
1 TL feingehackter Knoblauch
1 Glas trockener Weißwein
3/4 Tasse Rinder- oder Hühnerbouillon
1/2 TL Thymian
2 Lorbeerblätter
1 Zweig Rosmarin
4 Petersiliensträußchen
4 gehäutete Tomaten, entkernt, grobgehackt und abgetropft

Für die Gremolata:
1 EL geriebene Zitronenschale (von unbehandelten Zitronen)
1 TL feingehackter Knoblauch
3 EL feingehackte Petersilie

Die Fleischscheiben mit Küchengarn um den Knochen festbinden, damit sie beim Garen nicht die Form verlieren. Einen schweren Schmortopf mit gut schließendem Deckel wählen, der gerade groß ge-

nug ist, um die Fleischstücke nebeneinander liegend anzuordnen.
Fleischscheiben mit Salz und Pfeffer würzen, in Mehl wälzen, überschüssiges Mehl abklopfen, Butter und Olivenöl im Schmortopf erhitzen, die Scheiben von beiden Seiten anbraten, bis sie gebräunt sind, falls nötig, mehr Öl hinzufügen, Fleisch aus dem Topf nehmen, dann beiseite stellen.
In dem Fett jetzt die Zwiebeln, Mohrrüben, den Staudensellerie und den Knoblauch unter ständigem Rühren so lange andünsten, bis das Gemüse leicht gebräunt ist. Den Backofen auf 175 Grad vorheizen. So viel Fett wie möglich aus dem Bräter abgießen. Die angebratenen Haxnscheiben nebeneinander auf das Gemüse in den Bräter geben. Den Wein dazugießen, sämtliche Gewürze, auch die Petersiliensträußchen und die Tomaten hinzugeben und so viel Brühe dazu gießen, daß die Fleischscheiben bis zur halben Höhe darin liegen.
Auf dem Herd das Ganze zum Kochen bringen, zudecken, dann im unteren Drittel des Backofens unter gelegentlichem Begießen schmoren; dabei die Hitze so weit reduzieren, daß das Gericht nur leise schmort. Das dauert etwa 1 Stunde und 15 Minuten.
Sollte die Flüssigkeit sehr stark einkochen, noch Bouillon zugießen.
In der Zwischenzeit Zutaten für die Gremolata miteinander vermischen.

Die Kalbfleischstücke vorsichtig in einer vorgewärmten Schüssel anrichten und mit einem Löffel Sauce und Gemüse darum herum verteilen. Die Gremolata über Knochenmark und Fleisch geben. Mit trockenem Reis oder Risotto servieren.

Thomas Mann oder Goethe – Schweinebauch oder Rippenbraten?

❖

Die Lübecker Bürger haben ihren eigenen Stolz. Marzipan ist der eine, Thomas Mann und das »Lübecker National« das andere. In den »Buddenbrooks« kann man nachlesen, was früher dort in gutbürgerlichen Familien auf den Tisch kam. Unverzichtbar war im Herbst das »Lübecker National«. Ob dieses Eintopfgericht mit Möhren oder Kohlrüben gekocht werden soll, ist ein jahrhundertealter Streit zwischen den Hanseaten. Ich habe mich mit Thomas Mann für die Version mit den Kohlrüben entschieden, die man auch Steckrüben nennt.
Für diesen herrlichen Eintopf braucht man weniger als 1 Stunde für die Zubereitung und außer einer Kohlrübe mageren Schweinebauch, Kartoffeln, Zwiebeln, Schmalz, sehr viel glatte Petersilie, Salz und Pfeffer. Was dabei rauskommt, ist ein großer Genuß.

Goethe ließ es sich nicht nehmen, auf dem Weimarer Zwiebelmarkt selbst einzukaufen. Sein Lieblingsgericht war der Thüringer Rippenbraten. Sein Geheimnis liegt in der Sauce. Sie enthält Thymian, Lorbeerblatt, Zucker und Schmant und wird mit Portwein und Sahne verfeinert. Dazu gibt es natürlich, wie könnte es bei einem Thüringer Rezept anders sein, Semmel- oder Kartoffelklöße. Dazu noch ein Wort von Heinrich Heine über die Thüringer und ihren kulinarischen Anspruch: »Die Thüringer essen um des Genießens willen und denken nicht an den kommenden Tag.«
Daß die Stücke vom Schwein, die man für beide Gerichte benötigt, besonders wertvolle Mineralien wie Calcium, Phosphor und Eisen enthalten, die mit den Vitaminen B_1 und B_2 kombiniert sind, sei für die Gesundheitsbewußten erwähnt.

Geflügel

»Ich glaube fest an glückliche Zufälle und bin daher überzeugt, daß das ganze Geschlecht der Hühnervögel einzig zu dem Zwecke geschaffen worden ist, um unsere Speisekammern zu füllen und unsere Festessen zu bereichern.«

(Brillat-Savarin)

Ente

Entenfleisch enthält Protein, wenig Fett und Kohlenhydrate sowie zahlreiche Vitamine, Mineralstoffe und Spurenelemente. Deutsche Markenenten werden als »Frühmastenten« – acht bis neun Wochen alt – angeboten. Sie haben besonders viel Brustfleisch. Ihr Gewicht liegt bei etwa vier Pfund. Wichtig ist schönes weißes Aussehen und saubere Haut. Die ideale Ente hat einen runden Körperbau und ist nicht breit; andernfalls ist sie zu fett. Gewürze: Rosmarin, Salbei, Thymian.

Tiefgekühlte Enten nimmt man am Abend vor der Zubereitung aus der Verpackung und läßt sie bei Raumtemperatur auftauen. Wenn es schneller gehen muß, die Ente in lauwarmes Wasser legen. Das verkürzt die Auftauzeit erheblich.

Wer mir eine Hausente als »Flugente« empfiehlt, will mich für dumm verkaufen. Fliegen können sie alle. Wichtig ist es, zu wissen, ob es eine Vierländer, eine Barbarie-, eine Nantaiser, Rouener, eine Peking- oder Aylesbury-Ente ist. Alle diese Rassen sind nämlich im Handel und schmecken verschieden. Alles andere können Sie mit jedem guten Kochbuch schaffen –

ob Sie sich für die badische, die gefüllte, die Orangen- oder Hunan-Ente entscheiden.

Neben den kurzen Garzeiten ist der Nährwert des Entenfleisches für die leichte und bekömmliche Küche von besonderem Interesse. 100 g Entenfleisch enthalten:

Fett	17,20 g
Wasser	63,70 g
Kohlenhydrate	0,0 g
Natrium	80,00 mg
Eisen	2,10 mg
Kalium	292,00 mg
Calcium	11,00 mg
Phosphor	187,00 mg
Vitamin B_2	0,20 mg

Gans

Eine frische Gans erkennt man an der Gurgel und am Brustwirbel. Wenn die Gurgel wie leichtes Sperrholz knackt, ist das Tier jung. Bei einer alten Gans biegt sich die Gurgel wie Gummi. Leider ist sie bei bratfertigen Tieren meist schon entnommen. Dann Knorpel beim Bauch am unteren Ende des Brustwirbels befühlen: Wenn er hart ist, dann ist das Tier alt. Das Tier darf am Darmausgang nicht zu viele gelbe Flomen (Fettpolster) haben, sonst ist es zu fett. Gewürze: Beifuß, Kümmelpulver, Majoran, Rosmarin, Salbei.

Hähnchen, Huhn, Poularde

»Hühnchen sind jungfräulich –
zu fast allem zu gebrauchen.«
(Italienische Küchenweisheit)

Feinschmecker wissen, daß ein knuspriges, gebratenes Hähnchen, nur mit Butter, Salz und Pfeffer und einem Zweiglein Rosmarin zubereitet, eine der ganz großen Delikatessen der Tafel ist. Als Gewürze eignen sich außerdem Curry, Ingwer, Liebstöckel, Oregano, Paprika.

Als Suppenhuhn immer ein größeres und fettes Huhn nehmen: Die Suppe schmeckt dann kräftiger. Für Gebratenes und Geflügelsalat empfiehlt sich eine Poularde. Die ist saftig und in zwanzig Minuten gar. Ein normales Huhn ist für Geflügelsalat zu faserig.

Beim Einkauf beachten: Das Huhn sollte keine braunen Flecken haben. Ein gutes, frisches Huhn hat weißes Fleisch und auf Brust, Keule und am Darmausgang nur leichte Fettpolster (Fleisch sollte bläulich durchschimmern).

Wenn die Haut nach dem Kochen am Fleisch klebt, kommt das Tier aus der Tiefkühltruhe. Hühner, die schmierig sind und durch die Hände rutschen, waren in Plastik verpackt.

»Ein Hähnchen schmeckt am besten zu zweit –
ich und das Hähnchen.«

Weiße Frostflecken sind bei tiefgefrorenen Hähnchen normal. Äußerst wichtig ist richtiges Auftauen: Die Verpackung vor dem Auftauen entfernen und das Tier in eine Schüssel mit Siebeinsatz legen, damit die Auftauflüssigkeit ablaufen kann. Am besten im Kühlschrank auftauen. Tauwasser weggießen und den Beutel mit Innereien (falls beigefügt) entnehmen. Die aufgetaute Ware vor der Zubereitung warm abspülen und gut abtrocknen. Wichtig ist, daß aufgetautes Geflügel unverzüglich zubereitet wird und nicht mehr eingefroren werden darf.

Die Liste der Zutaten eines ordentlichen Hühnerfrikassees zeigt, wie armselig unsere Ernährungsgewohnheiten geworden sind. Noch vor fünfzig Jahren bestand dieses Gericht aus dem kleinen Suppenhuhn, einem kleinen Kalbsbries, einer kleinen Kalbszunge, 150 g rohen Champignons, 125 g Morcheln, 12 Spargelspitzen, 12 Krebsschwänzen, 12 Grießklößchen, 4 gefüllten Krebsnasen, 4 Blätterteighalbmonden, Knollensellerie, Zwiebel, weißen Pfefferkörnern, Gewürzkörnern, Lorbeerblatt, Weißwein, dem Saft einer halben Zitrone und etwas von der Schale, süßer Sahne, Eigelb, Butter, einer Prise Zucker und Worcestersauce. Die obligatorische Beilage: körniger Butterreis.

Perlhühner

Aus Westafrika stammender Laufvogel, in Europa und Amerika auch als Hausgeflügel gehalten. Steht auf Speisekarten oft mit seinem französischen Namen Pintade. Alfred Brehm schreibt, daß dieses Wildhuhn kaum jemals vollständig zahm wird. »Man kann sie soweit gewöhnen, daß sie im Hof umherlaufen. Sie bleiben aber zänkisch, liegen mit Haushühnern, Puten und Gänsen beständig im Streit und können so bösartig werden, daß sie selbst Kinder angreifen.« Für uns, die dieses Federvieh ausschließlich kulinarisch interessiert, ist mit dem Wort »Wildhuhn« das entscheidende Stichwort gefallen. Genau das bringt das gebratene Tier auf den Teller: eine einmalige Mischung im Geschmack zwischen Huhn und Wild. Perlhühner sind tatsächlich eine Sensation für den Gaumen.

Perlhühner dürfen zwischen 700 g – das sind die feinsten, jungen – und 1,5 kg wiegen. Das Fleisch neigt dazu, während des Bratens trocken zu werden, deswegen empfehlen Kochbücher, die Brust mit Speckstreifen einzubinden. Besser noch, wegen der gleichmäßig zu bräunenden Haut, ist dieser Profitrick: Brust nach oben legen und über dem Bürzel links und rechts vom Brustbein mit scharfem Messer je einen 3–4 cm langen horizontalen Einschnitt machen. Mit einem Teelöffelstiel (oder den Fingern) die Haut, ohne sie zu verletzen, etwa 10 cm weit in Richtung Kopf vom Fleisch lösen. Für jede Seite je eine dünne Scheibe fetten Speck in passende Größe schneiden und vorsichtig zwischen Haut und Fleisch schieben. Das klingt komplizierter, als es wirklich ist.

Tauben

Ob es sich nun ernährungswissenschaftlich beweisen läßt oder nicht: Tauben – zahme und wilde – gelten seit Jahrhunderten als kräftigende Kost für Kranke und Rekonvaleszente.

Der wilden Tauben wegen buhlen Jäger um die Gunst dänischer Revierbesitzer, damit sie dort als Gast zum Schuß kommen. Bei uns sind die gefiederten Friedenssymbole, wie so vieles andere, bereits auf der Roten Liste. Bequemer ist es, Tauben zu kaufen. Dabei ist es nicht so wichtig, ob es sich um wilde Vögel oder um Volierentiere handelt. Entgegen den Behauptungen so vieler Kochkünstler ist die eine fast so gut wie die andere. Der Grund: Die Füllung macht das Entscheidende aus.

Da das Braten der speckumwickelten Taube ein risikofreies Kinderspiel ist, sei nur zur Füllung und Würze folgendes vermerkt. Grundsubstanz vieler Füllungen ist frisches Hack, halb

Schwein, halb Rind, vermischt mit in heißer Milch eingeweichter altbackener Semmel (500 g Hack und eine Semmel für sechs Tauben). Dann folgen die Feinheiten: Entweder Lebern und Herzen der Tauben in Butter weich dünsten und dann feingehackt unter die Fülle mischen, oder eine Mischung aus einer gewürfelten schwarzen Trüffel und Pistazienkernen zum Hack geben, oder die Füllung mit angebratenen Schalotten und grünen Erbschen vermischen. Als Gewürz sind zulässig: fertiges Pastetengewürz, Estragon, Rosmarin, gehackte glatte Petersilie, Rosenpaprika und natürlich Salz und weißer Pfeffer aus der Mühle. 1 Eßlöffel Cognac, trockener Sherry oder Calvados kann nicht schaden.

Wer kein Hack in der Farce mag, kann auch mit einem Pilz-Risotto oder mit entrindetem Weißbrot als Basis füllen. Zu der italienischen Weißbrot-Variante gehören dann geriebener Parmesan, gedünstete Zwiebel, gebratene Speckwürfel, Petersilie, ein leicht geschlagenes Ei, entsteinte schwarze Oliven und Gewürze.

Eine gefüllte Taube ist auch für eine Person mit gesundem Appetit ausreichend. Die Tierchen haben mehr Fleisch, als man denkt und wie man nach der sparsamen Verwendung von Taubenbrüstchen als Salatdekoration in der Nouvelle cuisine vermuten würde.

»Der Geist bringt Sterblichen die Liebe,
der Magen aber bringt das Glück.«
(Anonym, 18. Jahrhundert)

Ich habe in Apulien einmal in einer kleinen Trattoria eine Wildtaube »alla leccarda« gegessen, die am Spieß gebraten mit der »ghiotta« serviert wird, einer Sauce aus Olivenöl extra vergine, Wein, Knoblauch, Gewürznelken und entsteinten schwarzen Oliven, die in der Saftpfanne unter dem Spieß langsam köchelt, während der Fleischsaft in sie hineintropft. Wer diese Köstlichkeit einmal probieren durfte, der weiß, welche Qualen es sind, an diese Wildtaube zu denken, wenn man sich in München oder Kopenhagen befindet.

Truthahn (Puter)

Ursprünglich mexikanisches Wildgeflügel, das jedoch schon in vorspanischer Zeit domestiziert wurde. Truthähne werden bis zu 20 kg schwer. Am begehrtesten sind jüngere Tiere, die zwischen 6 und 10 kg wiegen. Puten wiegen zwischen 3 und 7 kg, werden ganz oder in Teilen gebraten oder geschmort. Sie haben, genau wie die männlichen Tiere, dreierlei Fleisch. Junge Puter und Puten erkennt man daran, daß der Brustknorpel noch biegsam ist.

Tips für die Geflügelküche

»Der vernünftige Mann riecht lieber Schnepfendreck als Märzveilchen.«
(Johann Konrad Friedrich)

Die Zubereitung von Geflügel mit Bier bringt eine raffinierte Note und eine willkommene Abwechslung in die vielen verschiedenen Geflügelgerichte. Die Würze des schäumenden Gerstensaftes harmoniert vortrefflich mit dem Eigengeschmack von zartem weißen Geflügelfleisch wie auch des dunklen von Ente und Gans. Man schmeckt das Bier zwar nicht direkt, es rundet jedoch den Wohlgeschmack des Gerichtes ab. Beim Erhitzen bleiben die Aromastoffe des Gerstensaftes erhalten, aber der Alkohol verdunstet. So können auch Kinder, die bekanntlich für Hühnchenfleisch eine besondere Vorliebe haben, mit Bier zubereitete Geflügelgerichte essen, und Autofahrer brauchen ihr Promille-Gewissen nicht zu belasten.

Hähnchen für den Gartengrill koche ich vor dem Grillen etwa zehn Minuten vor. Sie werden dann schneller gar, ohne später auf dem Grill zu verbrennen.

Wichtig beim Geflügelbraten: die Brust immer nach unten legen, auch in der Ruhezeit nach dem Braten, weil dann der Saft hineinfließt. Andernfalls darf man sich nicht wundern, wenn das Brustfleisch zu trocken ist.

Wer keine Lust hat, bei gefülltem Federvieh vor dem Braten zum Nähzeug zu greifen, kann das gefüllte Innere auch mit zwei kurz eingeweichten Weißbrotscheiben verschließen.

Ich weiß nicht, warum heute viele Köche (Hausfrauen sowieso) Zimt immer nur in Verbindung mit süßen Nachspeisen und Gebäck verwenden. Ich nehme mit Erfolg eine Prise Zimt für viele Fleisch- und Geflügelgerichte.

Backpulver zum Geflügel? Unbedingt, denn die Kruste von panierten Geflügelstücken wird besonders zart und kroß, wenn man der Panade etwas Backpulver beigibt.

Der Ausdruck »Aufschneiden« im Sinne von Prahlen stammt aus der Küche. Tranchieren war nämlich einst ein akrobatischer Akt. Ein Kapaun lag nicht etwa auf einem Holzbrett, sondern mußte vom Tranchierer mit der Gabel in der Hand gehalten und freihändig mit 18 Schnitten zerlegt werden. Kein Wunder, daß solche Aufschneider Applaus bekamen – und damals gab es noch kein Hansaplast!

Mein Temperaturwegweiser für Geflügel klebt überm Herd auf einem Zettel an der Wand, weil ich so vergeßlich bin. Also: maximal 190 Grad für Schlachtgeflügel, maximal 220 Grad für Wildgeflügel. Gefülltes Wildgeflügel (auch Tauben) nur zwischen 190 und 220 Grad; aber fast doppelte Bratzeit. Wenn das Geflügel trotz richtiger Temperatur zu dunkel bräunt, mit Alufolie abdecken.

Wild

»›Wie war die Strecke?‹, fragte der Besucher den baltischen Baron, der von der Jagd kam.
›So jut wie nischt‹, antwortete der, ›ein lettischer Briefträger und zwei Hasen.‹«

(Jägerlatein um 1900)

Wissenswertes aus der Wildküche

Beim Kauf von Wild vor allem auf die richtige Jahreszeit achten, sonst ist es tiefgefroren konserviert (siehe unten Wildkalender). Bei Wild auf den Anschnitt bei Beinen und Kopf achten: Ist das Fleisch sehr dunkel oder bildet sich Wasser auf dem Teller, war das Tier tiefgefroren und wurde aufgetaut. Frisches Wild sieht nur in den ersten vier bis fünf Tagen gut aus.

Gewürze: Beifuß, Ingwer, Nelken, Pfefferminze, Piment, Rosmarin, Thymian, Wacholderbeeren, Weinraute, Wermut.

Kein Carpaccio von Wild. Bei mir kommt Wildfleisch grundsätzlich gut durchgebraten auf den Tisch. Das bedeutet: Das Fleisch muß zehn Minuten lang eine Kerntemperatur von 80 Grad gehabt haben. Nur so kann ich sicher sein, daß alle gesundheitsgefährdenden Keime wie Salmonellen abgetötet sind. Mit einem Fleischthermometer läßt sich das leicht kontrollieren. Das Wild bleibt trotzdem zart und saftig.

Zwar soll das Fleisch vom Wild genauso lange abhängen wie das Rind; aber das Stadium der Überreife, den Hautgout, den man auch Hochgeschmack nannte und der sich durch einen leicht fauligen Geruch bemerkbar machte, den mag man heute nicht mehr.

Daher sind auch die Zeiten vorbei, da man Wild vor dem Braten tagelang in eine Beize legte. Je nach Alter genügen schon 30 Minuten in der Marinade, um den typischen Wildgeschmack zu intensivieren. Mehr als 3 Stunden sollten es auf keinen Fall sein.

Frisches Wildfleisch wird auch ohne Beize zart, wenn man es einfach ein bis zwei Tage in einer Schüssel zugedeckt im Kühlschrank ruhen läßt.

Als Beilage zu allen Wildgerichten muß es nicht immer der Rotkohl sein. Glasierte Teltower Rübchen, Rosenkohl, lauwarme, leicht gepfefferte Sauerkirschen, Linsen, ein Püree aus Eßkastanien und selbst der etwas ruppige Grünkohl sind mögliche Beilagen. Und kleine Kartoffelpuffer (Reibekuchen) zu Rehrücken muß man probiert haben, um zu verstehen, wie köstlich diese Ergänzung ist.

Kleines Wildbrevier

Fasan

Einen jungen Fasan erkennt man daran, daß der hornige Sporn am Bein des Männchens kaum oder gar nicht entwickelt ist. Ist der Sporn an der Rückseite des Beins lang und hart, hat man einen alten Vogel vor sich. Gewürz: Salbei. Beilage: Champagnerkraut oder Linsen.

Hase

Beim jungen Hasen lassen sich die Löffel leicht einreißen; der Dorn im inneren Augenwinkel ist weich, und oberhalb des Fußwurzelgelenkes ist ein Knorpel zu fühlen. Gewürze für Hasenbraten: Lavendel, Rosmarin, Wacholder. Beilage: Grünkohl, Kastanienpüree oder Rosenkohl.

Rebhuhn

Beim jungen Rebhuhn ist der Schnabel schwarz und scharf. Die Beine des Vogels haben einen leichten Gelbton. Die unteren Schwingfedern laufen spitz aus. Beim alten Tier ist der Schnabel grau und stumpf, die Beine sind grau und die unteren Schwingfedern abgerundet. Gewürz: Oregano. Ideale Beilage: Sauerkraut oder Wirsing.

Reh und Hirsch

Besonders schmackhaft sind Rücken, Schulter, vor allem Keule und Gulasch. Rehblatt sollte, wie das Fleisch anderer Teile, ein freundliches Rot haben. Bei einem jungen Tier etwas heller, bei einem älteren Rehbock von fünf Jahren etwas dunkler. Gewürz: Wacholder, Zimt. Beilage: Preiselbeeren.
Was ich nie wieder mache: Einen fertig gespickten Rehrücken kaufen. Der Speck muß frisch sein, sonst verdirbt er das zarte Aroma des Wildtiers.

Wildente (Stockente)

Der Schnabel der jungen Ente ist hell- oder leuchtendgelb und weich. Die Latschen (Füße) haben bei Männchen und Weibchen einen grau-grünen Ton. Wenn sich die Latschen des

Erpels rot und die der Ente graubraun gefärbt haben, sind sie alt. Beim Kauf von Wildenten sollten die Beine im Anschnitt am Gelenk frisch aussehen. Beilage: Rotkraut oder Bratäpfel, Mischpilze.

Wildgeflügel

Fasane, Rebhühner und anderes Wildgeflügel werden heute gezüchtet, aber nicht gekennzeichnet oder unter Decknamen (Volieren-Fasan, zu deutsch: Käfig-Fasan) angeboten. Rebhühner, Auerhähne und Schnepfen sind in der freien Wildbahn sehr selten geworden. Wachteln gibt es das ganze Jahr über. Wildgeflügel aus der Zucht schmeckt nicht intensiv nach Wild. Das läßt sich oft nur durch eine kräftige Sauce ausgleichen.
Wildgeflügel muß ganz trocken sein, sonst wurde es aufgetaut. Kleine Flecken und dunkle Farbe bedeuten: Das Tier wurde aufgetaut und lag zu lange in der Kühlung.

Wildschwein

Kleine Wildschweine bis 30 kg gibt es das ganze Jahr über, große von 60–80 kg ab September bis Januar. Wildschweinkeule sollte immer frisch und hellrosa aussehen und nicht so dunkel, wie es von Wildfleisch immer behauptet wird. Dunkel bis schwarzes oder gar schmieriges Fleisch ist alt. Gewürz: Wacholder, Lorbeer. Beilage: Linsen oder Grünkohl.

Wildkalender

Fasan: Jagdzeit: 1. Oktober bis 31. Dezember.
Schmeckt am besten: November und Dezember.

Hase: Jagdzeit: 16. Oktober bis 15. Januar.
Schmeckt am besten: Oktober bis Dezember.

Hirsch: Jagdzeit: 1. August bis 31. Januar.
Schmeckt am besten: November bis Januar.

Reh: Jagdzeit: 16. Mai bis 31. Januar.
Schmeckt am besten: Oktober bis Januar.

Wildente: Jagdzeit: 1. September bis 15. Januar.
Schmeckt am besten: Oktober bis Dezember.

Wildschwein: Jagdzeit: ganzjährig.
Schmeckt am besten: Januar bis November.

Wurst

»Wer je gesehen hat, mit welcher Lust Damen bei großen offiziellen Empfängen heimlich aus der Hand ein Würstchen oder eine Scheibe Wurst essen, der weiß, daß es oft die einfachen Dinge des Lebens sind, die besonderen Genuß auslösen.«

(Gerd Käfer, Münchner Spezialist für Prominenten-Partys)

Deutschland, das Wurst-Paradies

Über 1500 Sorten gibt es bei uns. Man unterscheidet zwischen Roh-, Brüh- und Kochwürsten.

Rohwürste werden ausschließlich aus rohem Fleisch und Speck hergestellt und durch Säuern oder Salzen, durch Trocknen oder Räuchern konserviert. Man unterscheidet schnittfeste Rohwürste – wie Cervelat, Salami, Plockwurst – und streichfähige wie Teewurst oder Mettwurst. Während der Reifezeit entfaltet sich das Aroma, der Fleischsaft verdunstet allmählich. Ergebnis: der typische Sortengeschmack und die besonders lange Haltbarkeit.

Die *Brühwürste* sind mit 780 Sorten die größte Gruppe. Auch sie werden aus rohem Fleisch und Speck hergestellt und mit Salz und Gewürzen zu Brät verarbeitet. Manche Brühwürste werden mit Speck- und Fleischstücken sowie mit zermahlenem Eis vermischt und erst dann in Wursthüllen gefüllt. Anschließend werden die Würste gebrüht und dadurch schnittfest. Bei manchen Würstchenarten wird das Brühen mit einer Heißräucherung verbunden.

365 Sorten gehören zu den *Kochwürsten*, die allesamt aus vorgekochtem Fleisch, Innereien und Gewürzen hergestellt und dann ein zweites Mal gekocht werden. Man unterteilt die Kochwürste in Leber-, Blut- und Sülzwürste.

Es gibt ganz erstaunlich magere Wurst. So enthält Bierschinken nur 15% Fett, deutsches Corned beef sogar nur 6%. 100 Gramm haben dann noch nicht einmal 155 Kalorien. Fett gehört aber trotzdem unabdingbar zur Wurst. Ohne Fett wäre Wurst nicht streichfähig. Viele Gewürze entfalten ihr volles Aroma erst im Fett. Besonders wichtig: Ohne Fett kämen wir auch nicht an die Vitamine in der Wurst heran. Dazu muß man wissen, daß einige Vitamine, darunter auch das wichtige Haut- und Augenvitamin A, nur in Fett löslich sind und wir sie nur mit Hilfe des Fettes für uns nutzbar machen können.

Wer 100 Gramm Kalbsleberwurst ißt, deckt damit seinen Tagesbedarf an Vitamin A und außerdem etwa 50% seines Bedarfs an Eisen. Ein weiteres wesentliches Vitamin ist noch in der Wurst enthalten: das Nervenvitamin B_1, Thiamin genannt.

Wurst ist nicht nur Brotbelag, sondern wesentlicher Bestandteil schmackhafter Salate oder Grundlage der neuartigen Wurst-Fondues. Dazu verwendet man Fleischwurst, Lyoner, Mortadella, Bierwurst, Jagdwurst, Weißwurst, Bierschinken, Leberkäse oder Würstchen aller Art. Haut abziehen und grobe Würfel schneiden. Im Fonduetopf mit der entsprechenden Gabel im heißen Fett knusprig braten. Als Beilage Mixed Pickles, Gurken, Zwiebeln, frischer Salat. Reichlich frisches Brot, einfacher Weißwein oder Bier und Korn ergänzen diese gesellige Mahlzeit.

Wurst-Abc

Aalrauchwurst
Alle Dauerwürste, die neben Aalen im Rauch hingen.

Augsburger Knackwurst
Sieger eines 1937 veranstalteten Wettbewerbs. Ein 50-Gramm-Würstchen aus Schweinefleisch, mit Muskat und Zitronenöl gewürzt.

Bierschinken
Schweine- und Rindfleisch mit Wacholder, Knoblauch, Muskatblüte, Kardamom.

Bierwurst
Aus Schweinefleisch mit Speck. In Bayern mit Knoblauch.

Blaue Zipfel
Auch Saure Zipfel genannt. Keine Wurstsorte, sondern eine Zubereitungsart: Kleine fränkische Rostbratwürste (Schweinefleisch mit Majoran und anderen Gewürzen, im Saitling) werden in einem Essigsud mit Zwiebeln und Lorbeer erhitzt und serviert. Der Name kommt von der leichten Blaufärbung der Haut.

Braunschweiger
Eine Streichmettwurst, die nur aus Schweinefleisch besteht.

Cervelat
Aus magerem Rind- und Schweinefleisch mit Zucker, Pfeffer, Senfkörnern, Rum.

Dauermettwurst
Drei Viertel Rind, ein Viertel Schwein, geräuchert und luftgetrocknet.

Fleischwurst
Besteht aus Schweinefleisch, Rindfleisch, Speck, Eisschnee und Gewürzen. Kalt und warm gleich gut zu essen.

Gelbwurst
Jungrindfleisch und Kalbfleisch gemischt.

Grützwurst
Bestandteile sind Hafergrütze, Wurstbrühe, Speckwürfel sowie Schweinefleisch und Blut.

Jagdwurst
Aus Rind- und Schweinefleisch, Eisschnee und Gewürzen.

Katenrauchwurst
Rind- und Schweinefleisch, Speck, über Buchenholz kalt geräuchert.

Landjäger
Bestehen aus Schweine- und Rindfleisch. Sie werden flachgepreßt, kalt geräuchert und luftgetrocknet.

Leberkäse
Wird aus Rind- und Schweinefleisch gemacht, wobei 50 % Leber sind. Jedoch – Sachen gibt's: In Bayern darf der »Leberkäs« nur ohne Leber hergestellt werden. Eigentlich muß er sich »Fleischkäs« nennen. Das sagt aber kein Mensch. Da »Leber« nicht Leber ist, sondern sich von »Laib« ableitet und mit Leberkäs nur auf die Laibform des Fleischkäses hingewiesen werden soll ... also, ich geb's auf.

Leberwurst
Eine Riesenfamilie, bestehend aus Kalbs-, Zwiebel-, Pfälzischer, grober, Land-, Zungen-, Majoran- und unzähligen anderen Spezialleberwürsten.

Lyoner
Eine geräucherte Brühwurst aus gepökeltem Schweinefleisch, mit weißem Pfeffer und Muskat gewürzt.

Mettwurst
Es gibt grobe und feine Mettwürste. Hochburgen sind Braunschweig und Göttingen. Gekochte Sorten sind unter verschie-

denen Namen bekannt: Hannoversche Schorwurst, gekochte Hamburger, Bremer und gekochte westfälische.

Plockwurst
Eine grobe, geräucherte und getrocknete Dauerwurst aus magerem Rind- und Schweinefleisch, kernigem Speck und Gewürzen.

Preßkopf
Kalbfleisch mit Stücken von Schweineschnauze und Gurken.

Rotwurst
Auch Thüringer genannt. 60 % mageres Schweinefleisch sowie Speck, Schwarten, Schweineleber und Blut. Mit Majoran, Nelken und Piment gewürzt. Frisch oder geräuchert.

Schinkenwurst
Eine haltbare württembergische Brühwurst-Spezialität. Erst heiß und nach dem Abkühlen noch einmal kalt geräuchert.

Wollwurst
Weil sie ohne Haut gemacht wird, nennt man sie auch »Nackte«. Kalbsbrät, abgeschmeckt mit Pfeffer, Muskat, Kardamom und Zitrone.

Zungenwurst
Eine Blutwurstmasse mit gekochten Schweinezungen.

Fisch

»Die Leber ist von einem Hecht
und nicht von einer Schleie.
Der Fisch will trinken, gebt ihm was,
daß er vor Durst nicht schreie.«
(Theodor Fontane)

Frische Fische?

Fisch ist leicht verderblich. Seinen Zustand erkennt man z. B. an den Kiemen. Fisch ist frisch, wenn die Kiemen rötlich sind. Je älter der Fisch, desto weniger farbig sind sie. Sie werden gräulich und dann ganz dunkel. Schleim auf der Haut ist ein Zeichen für frischen Fisch: Er bildet sich kurz nach dem Schlachten. Wenn sich das Fleisch bei rohem Fisch leicht von der Hauptgräte lösen läßt, ist er alt. »Schau mir in die Augen!« – Bogarts berühmter Satz aus dem Film »Casablanca« gilt auch beim Fischkauf. Die Augen des frischen Fisches sind klar und nicht mit einem Grauschleier überzogen.

Wenn man Fische am Schwanz hochhält, verraten sie ihre Vergangenheit. Bleiben die Schuppen anliegend, ist der Fisch frisch. Stehen sie ab, war der Fisch tiefgefroren und wurde aufgetaut.

Seefische

Barsch
Die Filets werden gegrillt, gebraten oder gebacken.

Breitling
Jungfisch von Hering und Sprotte. Sie werden gewöhnlich fritiert und im Ganzen gegessen. Auch tiefgefroren im Handel.

Dorsch (junger Kabeljau)
Zubereitung siehe Seehecht.

Flunder
ist dem Goldbutt ähnlich. Man kann sie dünsten oder braten.

Glattbutt
Er wird wie Seezunge zubereitet.

Goldbutt
Kleinere Fische im Ganzen schmoren oder grillen, Filets braten.

Goldmakrele
Sie eignet sich zum Grillen; sehr schmackhaft auch gebacken mit Tomaten, Zwiebeln und Kräutern.

Heilbutt
Der seltene weiße Heilbutt erreicht bis zu 35 kg Gewicht. Er ist im Fleisch blättriger, fester und heller als der häufigere schwarze Heilbutt, dessen Fanggewicht selten über 18 kg liegt. Er ist auch fettreicher als jener, wird häufig gepökelt und anschließend geräuchert. Beide Sorten eignen sich zum Kochen, Braten und Grillen.

Hering
Hering ist weltweit der meistgegessene Fisch. Der norwegische Hering eignet sich besonders zum Marinieren und Räuchern. Der schottische Hering ergibt den besten Bückling. Die kleinen Heringe aus dem Skagerrak werden im Handel als Kronsardinen bezeichnet. Frische Heringe nennt man »grüne Heringe«. Von den Hebriden kommt der zarteste Hering, der als Matjes bezeichnet wird. Ein Matjes, der seinen Ruf als Delikatesse wirklich verdient, muß ein jungfräulicher Hering sein. Also: ohne Milch und Rogen. Ganz sicher, daß man den richtigen Fisch gekauft hat, kann man nur sein, wenn man ihn selber ausnimmt. Beim Kauf fertiger Matjesfilets läßt sich das Lebensalter des Fisches schwer abschätzen.

Kabeljau
Kabeljau eignet sich zum Füllen, Backen, Dämpfen und Braten. Das Fleisch des jungen Kabeljaus wird als Dorsch bezeichnet und ist fester und süßer.

Knurrhahn (Seehahn)
Man unterscheidet den roten und den gestreiften Knurrhahn. Knurrhähne können gebacken oder geschmort werden.

Makrele
So frisch wie möglich zubereiten. Ihr Fleisch ist nicht sehr haltbar. Leber und Milch gelten als Delikatesse. Wird auch geräuchert angeboten.

Meeraal (Muräne)
Er schmeckt am besten in Suppen und Fischeintöpfen. Meeraal wird vor der europäischen und amerikanischen Atlantikküste und im Mittelmeer gefangen.

Meeräsche
Ein festfleischiger und wohlschmeckender Fisch, den man füllen und backen, grillen und braten kann.

Petermännchen und
Kleines Petermännchen
werden in den flachen Küstengewässern Europas gefangen, Gräten und Giftsack müssen vor dem Kochen entfernt werden. Wird für Bouillabaisse verwendet, aber auch gegrillt und fritiert.

Petersfisch
eignet sich für Steinbutt- oder Seezungenrezepte.

Rochen
Es werden nur die »Flügel« verzehrt. Ein klassisches französisches Rezept ist Rochen mit Kapern und brauner Butter.

Rotbarsch
Auch Goldbarsch oder Bergilt genannt. Ziegelroter, lebendgebärender Fisch mit mächtigem Kopf und stacheliger Rückenflosse. Wohlschmeckendes, festes, fettes Fleisch, das als Filet gebraten oder geräuchert wird. Preiswert.

Sardelle (echte Anchovis)
Kleiner, besonders fetter Heringsfisch Süd- und Westeuropas, der mit Salz konserviert und so zugleich gegart wird. Sardellen kommen im Ganzen, entgrätet als Sardellenfilets oder Sardellenring (mit eingerollten Kapern), oft in Öl eingelegt oder als Sardellenpaste in den Handel. Sie werden als würzige Zutat, als Vorspeise und zur Garnierung verwendet.

Sardine
Die jungen Fische werden meist als Ölsardinen in Dosen verkauft. Frische Sardinen grillen.

Schellfisch
wird im Nordatlantik vor Neufundland und Europa gefangen. Er wird geräuchert, filetiert oder tiefgefroren angeboten.

Scholle
Ein kleiner Plattfisch, der an den nordeuropäischen Küsten gefangen wird. Man kann sie dünsten, grillen oder braten. Am besten sind die Maischollen.

Schwertfisch
wird meist in Scheiben verkauft, gelegentlich geräuchert. Er schmeckt gut mit Tomaten gebacken.

Seehecht
eignet sich zum Backen, Dämpfen oder Dünsten, wird aber auch eingesalzen und getrocknet.

Seelachs
Eine Dorschart, die in Skandinavien gewöhnlich zu Stockfisch verarbeitet wird und in Deutschland als Seelachs in den Handel kommt; er wird auch geräuchert oder in Öl als Konserve (Lachsersatz) angeboten.

Seeteufel
Ein großköpfiger, sehr häßlicher Fisch – aus diesem Grund wird er vor dem Verkauf enthauptet. Wird an der europäischen Atlantikküste und im Mittelmeer gefangen. Er eignet sich zum Dünsten, Dämpfen, Braten. Unerläßlich zur Bouillabaisse.

Seezunge
Die Ostender oder Dover-Seezunge wird von Südnorwegen bis zur nordafrikanischen Küste und auch im Mittelmeer gefangen, die französische in europäischen Küstengewässern. Beide werden ganz oder filetiert verkauft; man kann sie dünsten, braten und grillen.

Sprotten
sind ölig wie Hering und sollten gegrillt oder gebraten werden. Auch geräuchert oder als Konserve in Öl erhältlich.

Steinbutt
Ein Plattfisch, der sich besonders zum Dünsten eignet.

Stör
Dieser Fisch ist für seinen Rogen berühmt, der zu Kaviar ver-

arbeitet wird; weniger bekannt ist sein sehr gutes Fleisch, das oft geräuchert angeboten wird.

Thunfisch
eignet sich zum Grillen, Backen oder Schmoren mit Wein, Tomaten und Kräutern. Wird als Konserve oder frisch verkauft.

Zackenbarsch
wird geschmort oder gegrillt, mit Kräutern gefüllt und gebacken.

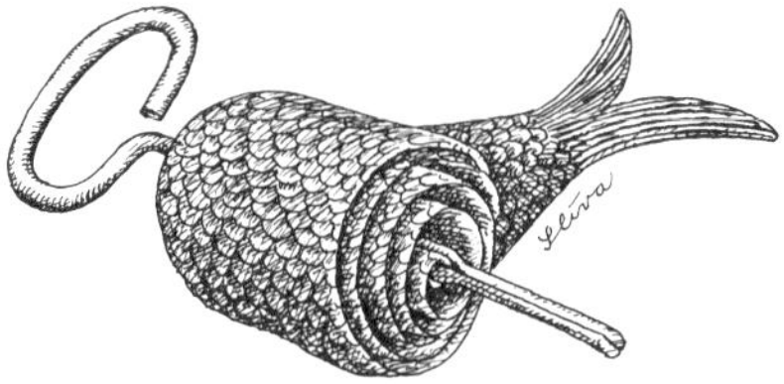

Süßwasserfische

»Wer einen Aal beim Schwanz
und Weiber faßt bei Worten,
wie feste der gleich hält,
hält nichts an beiden Orten.«
(Friedrich von Logau)

Aal
Aale sind Allesfresser. Sie leben von Kleintieren, auch von anderen Fischen, nur Aas, wie immer wieder behauptet wird, fressen sie nicht. Aalfleisch ist fetthaltig und schwer verdaulich. In Portionsstücken gut zum Braten und Überbacken. Aal wird vor dem Kochen gehäutet und schmeckt köstlich in Dillsauce (Aal grün). Besonders delikat ist geräucherter Aal. Wegen seines hohen Fettanteils am besten mit etwas gemahlenem schwarzem Pfeffer überstäuben.

Falls es so etwas wie Seelenwanderung gibt, sollte sich niemand wünschen, als männlicher Aal wiedergeboren zu werden. Drei Viertel der Lebenszeit vergingen bis zur Geschlechtsreife. Danach vergrößern sich plötzlich die Augen um das Doppelte zu sogenannten Tiefsee-Augen. Jetzt erst interessieren die verführerischen Aaldamen, denen die männlichen Tiere im Schwarm folgen. Aber leider sind die Damen schneller, da sie zwei- bis dreimal so groß sind wie ihre Verehrer. Eine schreckliche Tortur beginnt: Über 7000 Kilometer geht die Hochzeitsreise, bis das Sargassomeer nahe den Bermudas erreicht ist. Auch dort wartet keine ungetrübte Freude. Ab geht es in eine Tiefe bis zu 6000 Metern, wo ein Druck von 600 Atmosphären herrscht, der einen untergegangenen

Dampfer wie Zeitungspapier zusammenfaltet. Nur dort, bei völliger Dunkelheit, im Zustand totaler Erschöpfung, findet die erste und letzte körperliche Vereinigung der Aale statt. Ein Danach gibt's nicht. Sowohl »sie« als auch »er« sterben anschließend, und ihre Nachkommen, die Glasaale, brauchen drei volle Jahre, um dorthin zurückzukehren, wo die Eltern einst herkamen. Zu Beginn ihrer schicksalsschweren Wanderung scheuen die Aale auch Überlandwege bis zu zehn Kilometer Länge nicht: Sie wollen und müssen den Fluß finden, der sie auf Umwegen ins Meer bringt, wo dann die letzte Reise beginnt.

Äsche
Ein schöner, silbriger Fisch mit einem leichten Thymiangeruch (daher sein lateinischer Name Thymallus). Hervorragender Speisefisch, blau oder mit Kräutern gefüllt und gebacken.

Forelle
Die bekanntesten sind die Regenbogenforelle, die Bachforelle, die Seeforelle und der Saibling. Alle diese Fische kann man blau, nach Müllerin Art, gebacken oder gebraten reichen. Auch geräuchert im Handel.

Hecht
Edelfisch. Er wird bis zu 2 m lang und 35 kg schwer. Hechte von 2–3 kg sind besonders zart und zum Braten oder Dünsten ideal. Ältere Tiere verarbeitet man zu Hechtklößchen, Pasteten und Farcen. Hecht schmeckt am besten zwischen September und Januar.

Karpfen
stammen aus China, wo sie gedämpft oder gebacken werden, häufig mit einer süßsauren Sauce. Bei uns werden sie meist

blau – mit Meerrettichsahne – oder gebacken gegessen. Die Saison für Karpfen beginnt nicht im Dezember, wie viele meinen, sondern schon im September.

Lachs
Es gibt viele Rezepte für diesen Fisch, wie die russischen Kulebiaki, mit Lachs gefüllte Hefeteigpasteten. Man kann ihn grillen oder dünsten und heiß oder kalt mit einer passenden Sauce servieren. Lachs wird auf vielerlei Art gebeizt, geräuchert oder konserviert.

Lachsforelle
Auch Weiß- oder Meerforelle genannt. Sie ist weniger fett als echter Lachs und größer als andere Forellenarten, hat das rosa Fleisch des Lachses und wird ebenso zubereitet.

Maräne
stammt aus der Familie der Lachse. Die Maräne lebt nur von Plankton. Sie ist in den norddeutschen und nordeuropäischen eiszeitlichen Seen beheimatet. Ihr Fleisch ist sehr zart und wohlschmeckend. Maräne wird wie Forelle zubereitet.

Saibling
Lachsfisch, der in kalten Süßwasserseen lebt. Sein Fleisch gilt als feiner als das der Forelle. In Ausnahmefällen wird der Saibling – auch Salmling oder Rölling genannt – bis zu 10 kg schwer, ohne daß die Qualität leidet.

Weißfische
Hierzu gehören zahlreiche als Speisefische sehr geschätzte Unterarten, darunter der bis zu 3 kg schwere Döbel, die bis zu 8,5 kg wiegende Flußbarbe, die vielfach auch in Teichen gezüchtete Karausche, die Schleie und die Rotfeder. Weißfische können in vielen Rezepten die Forelle ersetzen.

Zander
Auch Sander, Schill, Amaul, Fogosch, Süllo, Hechtbarsch genannt. Einer der edelsten Süßwasserfische. Sein Fleisch ist weiß, zart, saftig und überaus wohlschmeckend. Seine Heimat sind die mittel- und osteuropäischen Flüsse und Seen mit Ausnahme von Rhein und Weser. Im Herbst und Winter schmeckt der Zander am besten. Geräuchert oder tiefgefroren verliert er wesentlich an Geschmack.

Rund um die Fischküche

Bläuen

Nicht schuppen, nur sauber – ohne Druck auf die äußere Haut – waschen und zum Garen in siedendes schwaches Essigwasser (1 EL Essig für 1 l Wasser) legen, wodurch sich ein blauer Überzug bildet, der sich an der Luft schnell schwarz färbt. Um das zu vermeiden, bestreicht man die Fische (wenn sie nicht in der Brühe serviert werden, was das beste ist) beim Anrichten sofort mit zerlassener Butter. Vielfach brüht man die Fische auch mit wenig kochendem Essig ab, um sie zu bläuen. Dieses Verfahren sollte jedoch nur für große, ganze Fische angewendet werden.

Falls man Karpfen und Forelle »blau« möchte, nicht von außen salzen, weil das schon genügt, um die weiche Schleimschicht auf der Haut zu verletzen. Und genau diese Schicht ist es, die durch den Essig im Kochwasser blau gefärbt wird.

Fischbrühe (Fischsud)

Gut gewürzte Brühe zum Kochen von Fischen, z. B. für Lachse und Lachsforellen, auch für Fischsuppe und anderen Kochfisch zu verwenden: 1 kg Fischabfälle, 5 l Wasser, 1/2 l Essig, 60 g Salz, 2 Lorbeerblätter, 1 EL getrockneter Thymian, 10 Pfefferkörner, je 500 g Zwiebeln und Möhren, 100 g Petersilienwurzeln. Alles 1 Stunde kochen und dann durchgießen.

Für Forellen, Schleie und Aale: nicht zu stark gesalzenes Wasser mit einem kräftigen Schuß Weinessig.

Für Steinbutt: stark gesalzenes Wasser (5 l Wasser und 60–70 g Salz) mit etwas Milch und geschälten, entkernten Zitronenscheiben.

Am besten gleich einen Vorrat Fischsud herstellen und in 1/2-l-Gefäßen einfrieren. Haltbarkeit: 6 Monate.

Wer seinen Fisch selbst ausnimmt und dabei, was sehr leicht passiert, die *Galle* einschneidet oder zerdrückt, sollte den Fisch am besten gleich wegwerfen. Die ausgetretenen Bitterstoffe machen ihn ungenießbar. Egal, was man nachher noch damit anstellt.

Gegen penetranten *Geruch* kann man einiges tun. Die Hände verlieren den Geruch, wenn man sie in Essig oder Salz abreibt. Fischgeruch beim Kochen wird durch Essig im Sud gemildert. Etwas Sesamöl tut es auch. Um die Bratpfanne von Fischgeruch zu befreien, streue ich reichlich Salz in die Pfanne, gieße heißes Wasser darüber und lasse sie so eine halbe Stunde stehen.

Als *Gewürze* zu Kochfisch eignen sich Lorbeer, Petersilie, Dill und Kerbel, zu Bratfisch Thymian und Oregano.

Wenn Sie *Graved Lachs* (gebeizten rohen Lachs) servieren, verstecken Sie die Haut bis zum nächsten Tag im Kühlschrank. Sie ist eine unbezahlbare, nicht käufliche Delikatesse. Kein Koch und kein Kochbuch verrät Ihnen das Rezept:

Haut vom Graved Lachs mit Rührei
In einer Pfanne die in fingerlange Streifen geschnittene Lachshaut langsam bei mittlerer Hitze in Butter braten, bis die Schnittränder sich aufwerfen. Dann erst leicht salzen. Im Ofen warm halten. Das Rührei zubereiten. Auf handwarme Teller das Rührei portionieren, die Hautstücke drauflegen und mit frischem Dill überstreuen. Als Getränk kommt ein Riesling in Frage.
(Wer mitgegessen hat, wird Sie wegen des Rezeptes auf Knien anflehen. Sagen Sie dann einfach nur »Lachshaut«, haben Sie einen Freund weniger. Mit der Haut vom Räucherlachs funk-

tioniert es nämlich nicht, die würde in der Pfanne zu Leder werden.)

Fisch zum *Grillen* nur schwach salzen. Grund: Die im Fleisch enthaltenen Mineralsalze werden nicht herausgeschwemmt, wie es beim Braten oder Kochen der Fall ist.

Paradox: *Kochfisch* darf niemals kochen! Wenn man das mit ihm macht, was sein Name meint, zerfällt er. Lassen Sie ihn im Dampf von Fischsud (Courtbouillon) ziehen, wenn Sie Freude an ihm haben wollen.

Kräuter verwende ich nicht nur kleingehackt. Größere Fische, wie z. B. Lachs, Kabeljau oder Zander, stopfe ich einfach mit großen Bündeln gewaschener Kräuter voll und nähe die Bauchlappen zusammen. Beim Garen würzen die Kräuter den Fisch von innen. Einfacher und besser geht es nicht.

Eine knackig braune *Kruste* beim Bratfisch erreicht man durch Zugabe von Salz zum Bratfett.

Julienne, die feinen, streichholzlangen Gemüsestreifen als Suppeneinlage, sind bekannt. Ich gare ganze Fische (z. B. Zander) gern auf einem Bett von verschiedenartigem Julienne-Gemüse (Karotten, Sellerie, Lauch). Für Augen und Gaumen gleichermaßen empfehlenswert.

Reste: Gebratenen oder gekochten Fisch mit Gewürzen und Zwiebelringen in abgekochten kalten Essigsud einlegen. Über Nacht ziehen lassen. Kalt zu Bratkartoffeln servieren oder als Fischsalat verarbeiten.

Das *Schuppen* fällt leichter, wenn der Fisch kurz in kochendes

Wasser getaucht wird. Ich entferne die Schuppen fast mühelos mit einem Plastik-Topfkratzer, den ich freilich anschließend wegwerfe.

Tiefkühlen
Süßwasser- und Flußfische, wie Schleie, Karpfen und Forellen, können eingefroren werden, wenn man sie fangfrisch bekommt. Da Fisch besonders leicht verdirbt, ist vom Einfrieren von im Handel gekauftem Fisch abzuraten. Tiefgefrorenen Fisch nach dem Kauf möglichst rasch wieder in das Gefriergerät legen. Die Lagerdauer ist jeweils genau einzuhalten. Magerer Fisch 2–3 Monate, fetter Fisch 1–2 Monate.
Frische Fische werden sorgfältig ausgenommen und gewaschen. Besondere Vorsicht ist bei Fischen geboten, die man später blau garen will. Die Haut darf nicht verletzt werden. Vor dem Verpacken die Fische innen leicht austrocknen. Größere Fische wie Karpfen können auch zerteilt eingefroren werden. Ganze Fische werden wie Fleisch verpackt oder unverhüllt – nur lose abgedeckt – vorgefroren. Nach dem Anfrieren – je nach Größe in etwa 3–4 Stunden – taucht man die Fische kurz in kaltes Wasser. Die sich bildende dünne Eisschicht schützt den Fisch vor dem Austrocknen und vor Verletzungen der Schleimschicht.
Räucherfisch nur in frisch geräuchertem Zustand einfrieren. Lagerdauer nicht länger als 2 Monate. Im Raum auftauen. Vor dem Verzehr kurz im Backofen leicht erwärmen. Dann schmeckt der Fisch wie frisch geräuchert.
Große Fische vor dem Zubereiten im allgemeinen an- oder auftauen, kleine können gefroren oder angetaut verwendet werden. Ich lasse Fisch immer in Milch auftauen, die zieht jeden »Gefriergeschmack« heraus und verbessert das Aroma.

Tintenfisch, der zäh wie ein Radiergummi aufgetischt wird, macht wenig Freude. Das läßt sich vermeiden: Ich schneide den Tintenfisch klein und erhitze ihn ungewürzt in einer völlig trockenen, beschichteten Pfanne so lange, bis er keine Flüssigkeit mehr abgibt und eine leicht rötliche Färbung angenommen hat. Was dann noch an Zutaten dazukommt, muß vorher erhitzt werden.

Krusten- und Schalentiere

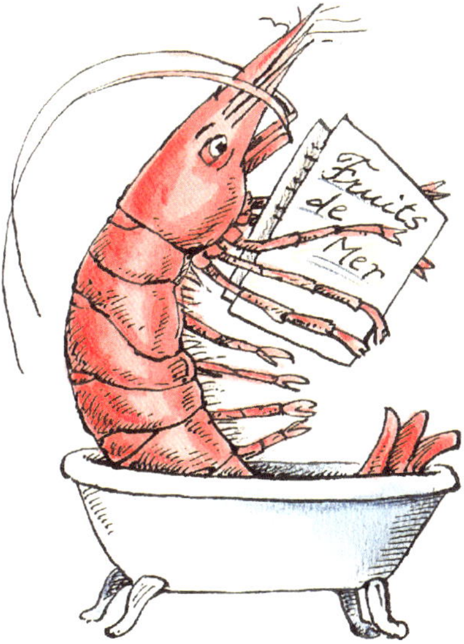

Hummer

Kanadische und amerikanische Hummer sind im August und September oftmals weniger empfehlenswert, weil sie sich geschält haben und das Fleisch dadurch beim Kochen extrem zusammenschrumpft. Hummer verlieren dabei bis zu 40% an Gewicht und sind nach dem Kochen leicht wie ein Schwamm. Frisch gehäutete Hummer haben ihre Kraft für den neuen Panzer verbraucht. Ihr Fleisch schmeckt dann oft fade. Man muß beim Kauf auf den Panzer drücken und feststellen, ob er fest ist. Übrigens: Hummer haben blaues Blut.

Muscheln und Austern

Muscheln und Austern müssen beim Kauf geschlossen sein. Schon ein Spalt von mehr als zwei Millimetern kann ein Zeichen dafür sein, daß Auster oder Muschel verdorben sind. Austern dürfen beim Klopfen nicht hohl klingen. Schwache und tote Austern haben das Wasser, das sie dann in der Schale nicht mehr halten können, schon weitgehend abgegeben.
So alt wie die Auster ist auch das Vorurteil, daß sie nur in den Monaten mit »R« genießbar ist. Richtig ist, daß die September-Auster noch vom Laichen geschwächt zu dünn ist und die richtige Konsistenz nur selten erreicht. Ab Oktober/November wird die Austernqualität jeden Monat besser und erreicht schließlich im Mai ihren Höhepunkt.
Übrigens wechselt die Auster je nach Temperatur ihr Geschlecht. Bei mehr als 20 Grad Wassertemperatur wird sie im Jahresabstand mal männlich, mal weiblich. Beneidenswert!
Austernmesser sind gefährlich. Ich bevorzuge eine sanftere Methode, um Austern zu öffnen: Ich lege sie gut gewaschen in einer Plastiktüte etwa eine Stunde ins Gefrierfach. Danach lassen sie sich ganz einfach öffnen.

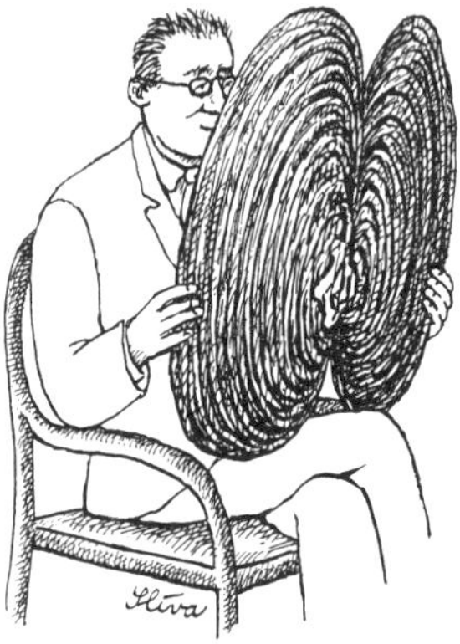

Ab August gibt es die ersten Muscheln. Sie munden nicht nur gedünstet. Der Fond ergibt, mit etwas Curry abgeschmeckt, eine leckere Suppe. Die letzte Zutat meiner Fischsuppe sind immer die Muscheln. Sie kommen erst kurz vor dem Anrichten hinein, damit sie nicht breiig werden und an Geschmack verlieren.

Flußkrebse

Zu den ganz großen Genüssen dieser Welt gehört eine Terrine großer Flußkrebse. Da schlagen die Herzen der Gourmets höher, verzückt entfalten sie die Serviette über den aufnahmefreudigen Bauch und wissen, daß ihnen jetzt ein paar restlos glückliche Stunden bevorstehen. Krebse sind merkwürdige Tiere: In ihrer schwärzlich-braunen Hülle sehen sie fast häßlich aus, und durch die unheimlichen Bewegungen ihrer bedrohlichen Scheren wirken sie auf ihren klapperdürren Beinen gespenstisch. Erst im Tode erstrahlen sie in der Pracht leuchtendsten Rots und verwandeln sich in Meisterwerke der Natur.

Vieles, was man über Krebse zu wissen glaubt, sogar Sprichwörtliches, ist falsch. »Die Monde ohne R sind gut zum Reisen, zum Hochzeitmachen und zum Krebsespeisen.« Richtig ist, daß gerade die Monate Mai, Juni, Juli, August gesetzliche Schonzeiten sein müßten; denn in dieser Zeit häuten sich die heranwachsenden Krebse mehrmals und legen sich immer wieder einen neuen Panzer zu. Das ist eine für den Krebs schmerzhafte und zehrende Prozedur. Der Panzer platzt in der Rückenlinie, der Krebs schlüpft heraus, Scheren und Schwanz zieht er aus wie Schuhe und Strümpfe, aber nicht genug damit, er läßt auch einen Teil seiner Sehnen und der inneren Magenhaut zurück. Kein Wunder, daß er bei solchen Qualen abmagert und dem Feinschmecker nicht mehr Substanz liefert als eine Nordseekrabbe. Dieser Häutungsprozeß, bei dem auch in Verlust geratene Glieder nachwachsen, endet nicht, solange das Tier wächst. Nach dem dritten Lebensjahr findet diese Wohnungsrenovierung nur noch zweimal jährlich statt (Juni–August). Heute können wir fast das ganze Jahr über Krebse aus der Türkei und aus Polen kaufen.

Der in der gehobenen Gastronomie hochgeschätzte »Solokrebs« ist zu seiner besten Zeit bis 130 Gramm schwer und dann immerhin schon zehn Jahre alt. »Ein solches Tier«, sagt Küchenmeister Alfred Walterspiel, »gibt man dem Gast immer nur einzeln mit einigen Löffeln der Krebsbrühe auf den warmen Suppenteller. Der wirkliche Krebsgenießer will dabei möglichst in einem Separatzimmer sitzen, um auch die kleinsten Teile ausschlürfen zu können. Die frische Schere oder der Krebsschwanz, vom Darm befreit, mit einem Stückchen eiskalter Butter, ist für jeden Genießer eine der größten Delikatessen.« Auch bei den Getränken zum Krebsessen kannte Walterspiel keinen Kompromiß: »Rotwein zum Krebs zu trinken, ist eine Geschmacklosigkeit. Einen trockenen, etwas spritzigen Weißwein, auch einen Chablis, halte ich für das geeignetste Getränk. Bier als Tafelgetränk beim Krebsessen anzubieten, ist unmöglich.«

Es gibt Leute, die behaupten, keinen Geschmack an Krebsen zu finden. In Wahrheit aber mögen sie sie nicht essen, weil sie mit den Schalentieren nicht recht umzugehen wissen. Es gehört allerdings einige Geschicklichkeit dazu, den Schwanz von der Nase (Kopf) zu brechen, die Panzerplatten des

Rückens von der Seite anzuheben, um so den begehrten Schwanz auf die Gabel zu bekommen. Dabei zeigt sich der Darm als schwarzer Strich, der sich mühelos entfernen läßt. Natürlich soll man Krebse nicht in eine Serviette wickeln und mit der Faust zertrümmern, wie es bei Gustav Meyrink der Baron Semper Saltomortale der kleinen Chansonette Izzi Pizzi beibringt.

»Nach einem guten Essen kann man allen Menschen vergeben, selbst den eigenen Verwandten.«
(Oscar Wilde)

Mag die Zubereitung einer *Krebssuppe* auch etwas umständlich klingen, eine Menge Fachleute verbürgen sich dafür, daß der Geschmack dieser Suppe einzigartig und die potenzfördernde Wirkung kaum zu überbieten ist. Sie kaufen zwei Dutzend lebende Krebse und waschen sie unter fließendem kaltem Wasser, bis sie ganz sauber sind. In ein Liter ungesalzene Hühnerbouillon geben Sie eine Mohrrübe und eine Petersilienwurzel, beides sehr fein geschnitten, fügen ein Lorbeerblatt, einen Stengel Dill, ein Blatt Liebstöckel und eine Prise Kümmel dazu. Dann lassen Sie die Brühe sprudelnd kochen und werfen je zwei Krebse zusammen in den Topf. Die Tiere sind sofort tot, wenn die Brühe nicht aufhört zu brodeln. Fest zugedeckt zehn Minuten kochen lassen. Dann den Topf beiseite stellen und die gleiche Zeit ziehen lassen.
Die Krebse aus der Brühe nehmen, etwas abkühlen lassen, die Schwänze auslösen, den Darm entfernen, beiseite stellen. Die Brühe durchs Sieb gießen, ohne Deckel so lange köcheln lassen, bis sie um ein Viertel reduziert ist. In dieser Zeit die gekochten Schalen und die gesäuberten Köpfe mit der Küchen-

maschine zu Püree zerkleinern. Ein Achtel von einem Toastbrot kurz in die Bouillon tauchen und auf Alufolie im Ofen wieder halb trocken werden lassen. Dieses Brot dann mit dem Schalenpüree zu einer Masse verarbeiten. So viel Bouillon unterrühren, bis das Püree die Konsistenz flüssiger Sahne hat. Jetzt das Ganze wieder aufs Feuer, die Krebsschwänze dazu und mit Salz und Cayennepfeffer abschmecken. Ständig rühren und nicht wieder kochen lassen. In die heiße Suppe einen ordentlichen alten Cognac gießen. Sofort vom Feuer nehmen. Mit frisch gehacktem Dill bestreuen und servieren.

An der Verwendung von Krebsen läßt sich ablesen, welche Meriten die heute oft unterbewertete bürgerliche Küche hatte. Das »Leipziger Allerlei«, das die meisten von uns nur noch als langweilige Gemüsekonserve kennengelernt haben, wurde nur im Frühjahr aus frischem Gemüse und niemals ohne die Beilage von einem Dutzend Krebsschwänzen hergestellt. Zur Garnierung wurden die gesäuberten »Nasen« (Kopf und Brust) des Krebses mit einer Mischung aus gerührter Butter, Eigelb, Eischnee und Paniermehl gefüllt, mit Salz, Pfeffer und Muskat abgeschmeckt und in dem vorhandenen Krebsfond gekocht.

Ein klassischer Berliner Zweizeiler verdankt seine Entstehung dem Krebs. Ein Kellner lud seine junge Freundin zum Krebsessen in ein Havellokal ein. Beim Unterricht über das Öffnen des Krustentieres sagte er zu ihr: »Guck mal. So! Du knickst den Kopp ab und denn ziehste unten den Schwanz raus!« Darauf soll die Schöne geantwortet haben: »Ach Ernst, ach Ernst, was du mir alles lernst.«

Garnelen

Garnelen werden häufig aus Malaysia eingeführt. Sie sind preisgünstig, kommen aber aus Warmwassergebieten und schmecken oft fade. Krusten- und Schalentiere gedeihen in warmem Wasser zwar schneller, haben dann aber weniger Geschmack als die norwegischen, isländischen oder grönländischen Garnelen aus Kaltwassergebieten.

Grönlandkrabben, Hummerkrabbenschwänze

Grönlandkrabben und Hummerkrabbenschwänze kommen nur tiefgekühlt in den Handel. Sie werden am Fangplatz eingefroren und sind in der Qualität nicht zu beanstanden.

Nordseekrabben

Nordseekrabben sind ausgepult meist mit Konservierungsstoffen versetzt. Nur in der Schale sind sie garantiert unbehandelt.
Manchmal muß man auf Dosen zurückgreifen – auch bei Dingen, die man normalerweise lieber frisch verwendet. Mein Trick bei Krabben: Sie verlieren jeden Dosengeschmack, wenn sie zehn Minuten in Sherry und einem kleinen Schuß Essig ziehen.

Aus einem Rezeptbüchlein, das ein berühmtes venezianisches Feinschmecker-Restaurant den Freunden des Hauses in ihrer jeweiligen Landessprache verehrt, stammt folgendes Rezept:
»Granseole, Meeresspinne. Zu einer großen, in Wasser gekochten und aus dem Topf bei erstem Sieden gezogenen Meer-

spinne trennt man die Scheren von Körper ab, denn die unter einer beweglichen Decke in der Außenschale befindlichen Eier wegnimmt. Man reisst das Körper von der Schale weg und zerbricht es: alle darin befindlichen Stücke weißes Fleisch und ›Korall‹ in die entleerte Schale wie in eine Schüssel stellen; alle weichen Stücke sorgfältig behalten, und die glasähnlichen und zähen verwerfen.«

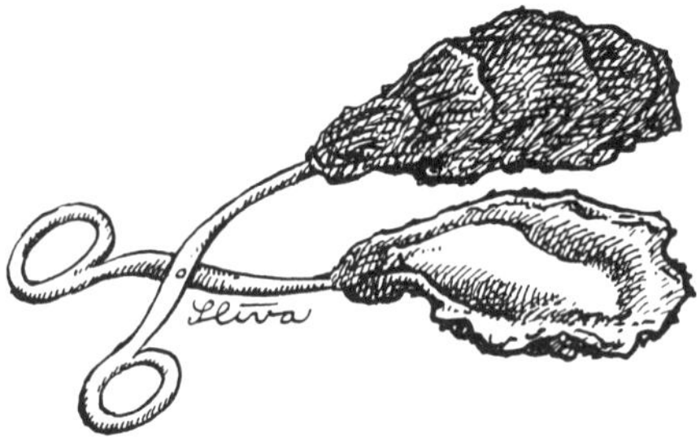

Caviar

»Gewohnheiten und Manieren eines Lebemannes würden einen Kontoristen die Stellung kosten.«
(George Bernhard Shaw)

Der Trend zur deutschen Küche, der auch die gut zubereitete Bulette wieder gesellschaftsfähig machte, schließt den Genuß von Caviar nicht aus. Allerdings sollte man ihn so essen, wie es der Welt berühmtester Caviarkenner, Henri Soulé, schon vor 70 Jahren empfahl: eiskalt und nur mit einem Hauch weißen Pfeffers aus der Mühle bestäubt – keine Zitrone, keine Zwiebel, keine gehackten Eier, keine Blinis, kein Sourcreme und schon gar keine heißen Kartoffeln. Einfach Toast leicht gebuttert als Unterlage.

Aus der Familie der Störfische stammen alle drei Caviarspender – der Hausen oder *Beluga*, der Stör oder *Ossetra*, der Scherg oder *Sevruga*. Bis zu fünf Meter lang und 1200 Kilo schwer wird der Beluga. Rekordausbeute bei einem Tier: 300 Kilo Caviar. Der Ossetra ist kleinwüchsiger: Länge bis zu zwei Metern, Gewicht bis 200 Kilo. Der Sevruga mißt nur anderthalb Meter und wiegt höchstens 20 Kilo.
Alle drei Arten sind Seefische, die nur zur Laichzeit das Süßwasser der Wolga, der Terek, der Sulak sowie des persischen Flusses Kisil Usen aufsuchen. Sonst leben sie im Kaspischen und im Schwarzen Meer und können älter als hundert Jahre werden.

Als Faustregel gilt: Maximal 20 % des Körpergewichtes sind der begehrte Rogen, was 13500 Eiern je Pfund Fisch entspricht.

Der so oft gerühmte persische »Schah-Caviar« ist nichts anderes als besonders großkörniger Beluga, der nicht in blauen Blechdosen, sondern in weißen Porzellantiegeln verkauft wird. Er sieht glasig aus und ist fast völlig salzlos. Nur deswegen hat er den »reinsten« Caviargeschmack; aber er ist nur sehr begrenzt haltbar.

Kaviar, mit K geschrieben, ist Faß- oder Preßkaviar, der offen verkauft wird. Seiner Haltbarkeit wegen hat er bis zu 10 % Salzgehalt. Ihn verwenden wir nur zur Weiterverarbeitung in Saucen, Füllungen und Salaten.

Der Irrtum mit dem Begriff »Malossol« hat ein zähes Leben. Diese russische Bezeichnung ist keine Caviarsorte. Sie besagt nichts anderes als »schwach gesalzen«, und das heißt im Falle des Caviars um die 3 %.

Warum der Feinschmecker sich mit diesem lexikalischen Wissen belasten soll, hat seinen Grund: Obwohl die Qualität des Caviars von allen drei Störarten geschmacklich sehr ähnlich ist, verlangt der Handel ganz unterschiedliche Preise. Ursache dafür ist der Caviaresser, der seltsamerweise beim Kauf mehr das Auge als die Zunge sprechen läßt. Dabei spielen die Farben, die von Hellgrau über Dunkelstahlgrau bis zum Braun aller Schattierungen und zu fast Schwarz reichen, für die Zunge keine Rolle. Großkörniger als Ossetra- und Sevruga- ist der Beluga-Malossol-Caviar. Und dennoch wird der Kenner, vor die Wahl gestellt, dem etwas kleinkörnigeren Sevruga den Vorzug geben. Hat er die Struktur von trocken gekochtem Reis – Korn für Korn voneinander separiert und eine Temperatur von plus 3 Grad –, kann das kulinarische Vergnügen losgehen.

Ob Beluga, Ossetra oder Sevruga – Caviar darf man nur in den bekannten Blechdosen, deren Gummiring sich so mühsam entfernen läßt, kaufen. In Glasbehältern wird der Caviar der besseren Haltbarkeit wegen sterilisiert, was seinen feinen Geschmack erledigt. Bei Caviar Hände weg von allen Sonderangeboten!

Zum Portionieren stets einen Löffel aus Perlmutt oder Elfenbein verwenden!

Als Getränk zum Caviar kommt entweder ein eiskalter, weicher Wodka in Frage (3 Tropfen Zitrone ins Glas) oder ein trockener Champagner.

Gemüse

»Laßt uns doch vielseitig sein!
Märkische Rübchen schmecken gut,
am besten gemischt mit Kastanien,
und diese beiden edlen Früchte wachsen
weit auseinander.«

(J. W. v. Goethe)

Ein Gang durch den Gemüsegarten

»Der Gemüsekorb ist die Zuckerdose für den Saucenmacher.«

Artischocke

Ein Distelgewächs. Junge, frische Artischocken können roh gegessen werden, ältere werden gekocht und heiß oder kalt serviert. Zum Eintunken der einzelnen Blätter in kleinen Schüsseln Vinaigrette, Mayonnaise oder Holländische Sauce neben den Teller stellen. Artischocken sind auch gefüllt oder gebacken beliebt. Gewürze: Zitrone, Lorbeerblatt und Kardamom beim Kochen. Die Schnittflächen am Boden der Artischocken bleiben hell, wenn sie mit Zitronensaft eingerieben werden. Achtung: Niemals in Aluminiumtöpfen garen. Dieses Metall bekommt weder dem Aussehen noch dem Geschmack der edlen Distel.

Auberginen *(Eierfrüchte)*

Auf glatte Oberfläche und Festigkeit achten. Passende Gewürze: Basilikum, Safran, Rosmarin.

Blumenkohl

»Blumenkohl ist ein Kohl mit College-Erziehung.«
(Mark Twain)

Muß schön weiß sein, ohne braune Blätter. Das Blattwerk darf sich nicht leicht abziehen lassen. Braune Stellen können be-

deuten, daß Faulstellen unter der Oberfläche sind. Blumenkohl wird besonders zart, wenn er in Mineralwasser gekocht wird. Um die weiße Farbe zu erhalten, eine Prise Zucker an das Kochwasser geben. Passendes Gewürz: Muskat.
Im Gemüsefach des Kühlschranks oder im kühlen Keller kann Blumenkohl mehrere Tage frisch bleiben. Wichtig: Vor dem Lagern die grünen Blätter entfernen und den Strunk glatt abschneiden. Lichtgeschützt lagern.

Bohnen

Brechbohnen (Schneidebohnen) müssen ansprechende grüne Farbe haben, keine schwarzen Enden und braunen Flecken. Die richtigen Schneidebohnen sind hellgrün und fest, ältere sind von papiergelber Farbe. Schoten dürfen nicht eingefallen sein. Passende Gewürze: Basilikum, Bohnenkraut, Majoran, Piment, Salbei, Ysop.
Wer grüne Bohnen ungekocht in Salate schnippelt, lebt gefährlich. Die Hülsen und Kerne der Bohnen enthalten eine Stickstoffverbindung, das Phasin, das die roten Blutkörperchen verklebt. Das gleiche gilt auch für getrocknete grüne Bohnen. Nur durch Kochen wird der Giftstoff vollständig abgebaut.
Puffbohnen (Saubohnen) sind die Kerne einer Wickenschote, die man hauptsächlich noch unreif (grün) zu Gemüse und ausgereift und getrocknet zu Suppen verwendet. Sie sind auch unter dem Namen dicke Bohnen bekannt.

Brennessel

Wird als Gemüse verwendet. Schottische und irische Köche machen seit Generationen Suppen aus den jungen Frühjahrsbrennesseln. Die Ameisensäure enthaltenden brennenden

Härchen werden beim Kochen zerstört. Brennesseln können auch wie Spinat zubereitet werden.

Broccoli

Urform des Blumenkohls. Wird überwiegend in Südeuropa und in den USA angebaut und wie Blumenkohl zubereitet. Auf saftiges Grün, knackige Blätter und geschlossene Blütenknospen achten. Damit beim Kochen die Blume nicht schon zu Matsch zerfällt, wenn der Strunk gar ist, schneide ich die Strünke vorher von unten nach oben wie ein X ein. Dann wird beides gleichzeitig gar. Würzen mit Zitronensaft und weißem Pfeffer.
Während bei uns häufig nur die Blüten und feinen Blätter verarbeitet werden, kennt die italienische Küche auch ein Gericht aus den Broccoli-Stengeln. Sie werden in Salzwasser vorgekocht, in Butter und etwas Fleischbrühe weichgedünstet, mit Pfeffer und Salz gewürzt und mit zerlassener Sardellenbutter begossen.

Chicorée

Weiß mit gelblichen Spitzen und fest gefüllt soll er sein. Chicorée ist lichtempfindlich. Wenn er grün wird, ist er bitter. Als Salat besonders gut mit gewürfelten Apfelsinenscheiben. Stets vor Verwendung den bitteren Strunk mit spitzem Messer entfernen.

Chinakohl

Chinakohl ist reich an Vitaminen. Sein Gehalt an Senfölen und Aminosäuren macht ihn besonders bekömmlich und verdauungsfördernd. Erntefrische Köpfe wiegen normalerweise zwi-

schen 800 und 1200 g. Bis zu zehn Tage bleibt Chinakohl im Gemüsefach des Kühlschranks knackig und frisch. Man kann ihn ratenweise aufbrauchen. Den angeschnittenen Kohl locker in Folie verpacken.
Seine Garzeit ist kürzer als die der übrigen Kohlarten – in 20 Minuten ist er eßfertig. Passende Gewürze: Beifuß, Borretsch, Kümmel. Als Salat bleibt er über Stunden noch knackig und in Form.

Erbsen

Dürfen keine braunen Flecken haben. Ältere Erbsen sind schrumpelig wie Pergamentpapier. Wenn die Schoten einen weißen Belag haben, taugen sie nichts. Passende Gewürze: Basilikum, Majoran, Pfefferminze.

Fenchel

Leicht nach Anis schmeckendes, zartes Gemüse aus dem zwiebelartig verdickten Stengel der Fenchelpflanze. Knollen gut waschen, in Hälften, Viertel oder Achtel teilen und in Fleischbrühe dünsten oder in Salzwasser schön knackig kochen. Kochzeit: 40–50 Minuten. Das Fenchelkraut kann gehackt und über das fertige Gericht gestreut werden. Auch die Stiele lassen sich gut verwerten: schälen, in kurze Stücke schneiden und roh zum Salat nehmen.

Grünkohl

Grünkohl soll erst nach dem ersten Frost gegessen werden. Aber er ist auch vorher schmackhaft. Die Blätter müssen sich hart anfühlen. Gewürz: Muskat.

Gurken

Gurken sind Früchte, kein Gemüse. Sie sollen sich fest anfühlen und nicht weich oder gummiartig. Gewürze: Dill, Borretsch, Weinraute. Die rohe Gurke ist das kalorienärmste Nahrungsmittel. Eingelegte Gurken immer mit einer Holzzange aus dem Gefäß herausnehmen, sonst Schimmelgefahr.

Kohl

Alle Kohlsorten sind reich an Mineralstoffen wie Eisen, Calcium, Phosphor, Natrium und Magnesium, enthalten wenig Kohlenhydrate, dafür viele wichtige Ballaststoffe. Als einzige Gemüsepflanze enthält Kohl neben freiem Vitamin C auch eine Vorstufe von Vitamin C. Dadurch wird Vitamin C erst durch das Kochen freigesetzt, während es sonst bei allen anderen Gemüsearten durch den Kochprozeß verlorengeht. Im übrigen gilt auch für Kohl, ihn möglichst schonend zu garen

und nicht, wie früher üblich, stundenlang zu kochen. Nur dann bleiben alle seine wertvollen Inhaltsstoffe weitestgehend erhalten.
Kohl aller Art, ob weiß, rot oder Wirsing, soll fest geschlossene Köpfe haben, ohne Wurmlöcher oder braune Blätter. Kohlköpfe lege ich ganz kurz in Salz- oder Essigwasser. Die darin versteckten Insekten und Würmer kriechen sofort heraus.

Um den penetranten Geruch zu vermeiden, der beim Kochen von Wirsing und Weißkohl durch das Haus zieht, lege ich ein Stück Pergamentpapier zwischen Topf und Deckel. Ich weiß nicht, warum, aber die Sache funktioniert bestens.

Eine der hartnäckigsten Küchenlegenden aus Großmutters Zeiten: Rotkohl sei ein Wintergemüse, das mit reichlich Schmalz geschmort und stundenlang gekocht werden muß. Gesünder und origineller ist die folgende, sehr viel leichter zuzubereitende Variante. Nur wenige, ganz zarte Blätter vom Kohl nehmen, in hauchfeine Streifen schneiden, kurz mit Ingwer, Essig und Zucker dünsten. Fertig ist ein Gourmet-Gemüse mit Biß und voller Vitamine.
Rohkost in Ehren, aber bei Wirsing hört's auf. Denn der ist, im Gegensatz zu Weißkohl, roh nicht bekömmlich. Ich blanchiere die Blätter, ganz gleich für welche spätere Verwendung, auf jeden Fall kurz und lasse sie gut abtropfen. Wirsing ist übrigens der einzige Kohl, der auch zu Edelfisch paßt, wenn er nicht zu Brei verkocht wird. Mit Muskat, Kümmel und Crème fraîche läßt er sich leicht zur Delikatesse stilisieren.

Drei Schwestern: die Robuste, die Elegante, die Ungewöhnliche. Nicht die berühmten Schwestern aus Anton Tschechows Theaterstück sind hier gemeint, sondern drei herbstlich-winterliche Spezialitäten: die Kohlrouladen. Robust – die hack-

fleischgefüllte aus Weißkohl. Elegant – die Wirsing-Variante mit der Pilzfüllung. Ungewöhnlich – die mit der Wildfüllung im violetten Rotkohlgewand.
Warum der von den Römern im Jahre 85 angelegte Grenzwall, der Limes, bis heute für den Kohl eine Sprachbarriere ist, bleibt ungeklärt. An dieser unsichtbaren Grenze verwandelt sich Kohl in Kraut, aus der Kohlroulade wird der Krautwickel, aus Wirsing Welschkraut, aus Rotkohl Blaukraut, der Spitzkohl wird – jedenfalls in Württemberg – zum Filderkraut, aus dem Deutschlands bestes Sauerkraut gemacht wird. Wer im Schwabenland bis weit nach Österreich hinein nicht weiß, was Karfiol bedeutet, der wird dort auf Blumenkohl verzichten müssen. Nur dem Grünkohl und dem Rosenkohl ist es gelungen, den Limes zu durchlöchern, ihre Namen gelten hüben wie drüben.

Jahrhundertelang war für die deutsche bürgerliche Küche Kohl nicht gesellschaftsfähig. Er war die Speise der Armen oder als wäßrige Suppe das »tägliche Brot« der Strafgefangenen. Möglicherweise besteht da ein unterschwelliger Zusammenhang mit der Tatsache, daß viele Gastronomen offenbar noch immer nicht wissen, wie köstlich Rotkohl respektive Blaukraut schmecken kann. Ohne 14 Zutaten wird er nicht zur Delikatesse. Notwendig sind: Schmalz, Essig, Zucker, Zwiebel, Apfel, Rotwein, Cidre, Johannisbeergelee, Fleischbrühe, Lorbeer, Nelken, Zimt, Salz und weißer Pfeffer.

Auch der Wirsing hat lange auf seine verdiente Aufwertung warten müssen. Erst die Jünger von Paul Bocuse haben ihn aus der Einbahnstraße des Eintopfes mit Hammelfleisch befreit und zum Edelgemüse erhoben. Und er ist es auch wirklich. Ob zur Ente, zu Wild, zu Fisch, Lamm oder Perlhuhn, er nimmt es mit jeder anderen Beilage auf, und seine Zubereitung ist kein Kunststück: Butter, eine Prise Muskat, grober schwarzer Pfeffer, ein Hauch Kümmelpulver, ein Spritzer Zitrone, wenig Salz und eine Prise Zucker – das ist es schon.

Kohlrabi

Ob blau oder weiß, beide sind reich an Vitaminen und Mineralstoffen, die wichtig sind für den Knochenbau und das Wachstum. Das Blattwerk ist ein wertvoller Vitaminspender. Die Blätter enthalten mehr Karotin als die meisten anderen Gemüse, der Calciumgehalt ist dreimal größer als der der Knolle, der Eisengehalt übertrifft selbst Spinat um das Doppelte. Beste Größe: etwas mehr als eine Kinderfaust. Die jungen Blätter sollen noch frisch aussehen.
Kohlrabi möglichst bald verwerten. Im Gemüsefach des Kühlschrankes kann er bis zu zwei Tagen lagern, vorher das Blattwerk abschneiden. Gewürze: Basilikum, Muskat.

Kohlrübe

Siehe Steckrübe.

»Bei mir soll jede Kohlrübe zu ihrem Recht kommen.«
(Alfred Döblin)

Kürbis

Die Beerenfrucht der Kürbispflanze wird bis zu 100 kg schwer. Das gelbe, weiße oder grüne Fleisch unter der dicken harten Schale enthält nur wenig Zucker und überhaupt keine Säure. Neben vielen verschiedenen Rezepten eignet er sich als süßsaure Beilage zu Kurzgebratenem oder zu Schlachtplatte mit Kasseler und Blut- und Leberwurst. Zum Einlegen nimmt man auf 1 kg Kürbiswürfel 1 l Essig, 1/4 l Wasser, 600 g Zucker, 2 feingeschnittene Ingwerwurzeln, 1 Stange Zimt. Die Flüssigkeit kochend über den Kürbis gießen und ihn 35 Minuten darin ziehen lassen. Danach durchsieben, Kürbis über Nacht kühl stellen und die Flüssigkeit am folgenden und übernächsten Tag noch einmal in gleicher Weise kochendheiß darüber gießen. In Gläsern, mit Flüssigkeit bedeckt und mit Zellophanpapier verschlossen, bleibt er so fast unbegrenzt haltbar.

Linsen

In Schoten wachsende Frucht einer Schmetterlingsblütlergattung. Anbaugebiete: Spanien, Rußland, Vorderasien. Es gibt graue, braune, gelbliche, grüne, schwarze, rote und gefleckte Linsen. Sie haben, wie alle Hülsenfrüchte, einen hohen Stärke- und Eiweißgehalt. Der typische Linsengeschmack sitzt in der Schale – davon haben die kleinen bei gleicher Menge natürlich einen größeren Anteil. Deshalb dürfen Linsen niemals geschält werden, und bei Linsenpüree müssen auch die Schalen durchs Sieb gedrückt werden.

Mais *(Zuckermais)*

Ist schon küchenfertig vorbereitet. Er wird oft als Kolben im 3er-Pack in einer Schale angeboten. Die Maiskörner sollen prall und von goldgelber Farbe sein.
Beim Kochen von Gemüse gibt man fast automatisch den Teelöffel Salz ins Kochwasser. Lassen Sie das beim Kochen von Mais und Maiskolben sein, denn Salz macht Mais zäh und hart. Statt Salz etwas Zucker und Butter, das macht Mais zart.
Maiskolben für den Gartengrill lege ich eine Stunde ins Wasser und dann, gut abgetropft, auf den Grill. Zum Buttern der heißen Kolben ein hohes Glasgefäß mit heißem Wasser füllen und ein größeres Stück Butter dazugeben. Die Butter schmilzt

und schwimmt oben auf dem Wasser. Taucht man jetzt den heißen Kolben ein und zieht ihn langsam wieder raus, ist der Maiskolben überall gleichmäßig mit Butter überzogen.

Mangold

Eine Runkelrübenart, deren grüne Blätter wie Spinat und deren weiße fleischige Blattstiele wie Spargel zubereitet werden. Gewürz: Muskatblüte.

Möhren *(Karotten)*

Sollen hellorange in der Farbe sein. Sie werden in den drei Handelsklassen Extra, I und II verkauft. Möhren der Extraklasse müssen makellos, einheitlich in Form und Farbe sein. Der Unterschied zwischen Möhren und Karotten ist eine reine Formsache: Karotten – so nennt man auch oft die frühen, kleinen Möhren – sind kurz und stumpf, Möhren dagegen länglich, schmal. Passende Gewürze: Anis, Estragon, Petersilie.

Paprika

Nichts hat das Image von Paprika so gehoben wie die Tatsache, daß reines Vitamin C, also Ascorbinsäure, erstmals aus Paprika gewonnen wurde. Diese Pioniertat gelang dem ungari-

schen Chemiker Professor A. von Szent-Györgyi an der Universität von Szeged. Er bekam dafür den Nobelpreis.
Auf glatte Oberfläche und pralle Farbe achten. Die Paprikaschoten müssen sich knackig anfühlen. Nie in Plastiktüten aufbewahren, sie verlieren Geschmack und werden weich. In porösen braunen Papiertüten halten sie sich im Gemüsefach des Kühlschrankes für einige Tage am besten frisch und knackig. Große rote, gelbe, grüne Paprikaschoten sind die natürlichsten und dekorativsten Behälter für Dips aller Art, die sich darin auf der Tafel stundenlang frisch halten.

Pastinake

Wurzelgemüse, ähnlich der Petersilienwurzel. Geschmack zwischen Möhre, Schwarzwurzel und Petersilienwurzel. Zubereitung wie Schwarzwurzel. Besonders kurze Garzeit.

Porree *(Lauch)*

Enthält schwefelhaltiges Lauchöl, Vitamine und Mineralstoffe. Darf keine abgeknickten Blätter haben, sonst läuft der Saft aus, und das Gemüse fängt an zu faulen. Die weißen Teile ergeben ein sehr schmackhaftes Gemüse. Für Suppen und Saucen werden auch die Grünteile verwendet.

Radieschen

Rotleuchtend, mit frischem, grünem Kraut. Radieschen werden wieder superknackig, wenn man sie mit den Blättern nach unten in ein Schälchen Wasser stellt, aus dem die Knollen gerade noch trocken herausragen.

Rettich

Auf frischweiße Farbe achten. Kann nach 2–3 Tagen schon zu weich sein. Stets in dünne Scheiben schneiden und dann salzen. Nur so entwickelt sich sein Aroma.

Rosenkohl

Qualitätsmerkmal: Frische grüne Farbe, Rose fest gefüllt. Gewürz: Muskat.
Rosenkohl schmeckt erst nach dem ersten Frost besonders gut. Wenn die Natur nicht mitspielt, nehme ich hauseigenen Frost. Wozu hat man schließlich Tiefkühlung? Dort verpasse ich dem Kohl nach dem Putzen seinen heilsamen Gefrierschock. Schon ein Stündchen Frost vertreibt den Geschmacksfrust.

Rote Bete

Knollen sollen fest sein und ohne Freßnarben. Gewürze: Meerrettich, Liebstöckel, Weinraute.

Sauerkraut

Entsteht aus feingeschnittenem Weißkohl, der lagenweise mit Salz in einem Steintopf geschichtet und einige Wochen kühl

aufbewahrt wird. Durch das Salz zieht der Saft aus dem Kohl, fermentiert und macht das Weißkraut zu Sauerkraut. Während der Fermentation muß der geschnittene Kohl mit einem Gewicht beschwert werden, damit er immer von Flüssigkeit bedeckt ist. Auf 2,5 kg Kohl rechnet man 50 g Salz.
Das klassische Sauerkraut wird mit Schweineschmalz und zerstoßenen Wacholderbeeren, Lorbeerblatt, Pfeffer und Salz und Zucker zubereitet und, falls notwendig, mit wenig Essig nachgesäuert. Verfeinerungen und Geschmacksveränderungen erreicht man durch Hinzufügen von Scheiben säuerlicher Äpfel, Kümmel, Dill oder Kardamom und schwarzen Pfefferkörnern.
Weinkraut entsteht aus Sauerkraut, wenn man halbierte, entkernte Weintrauben mitschmort, den Zuckeranteil etwas erhöht (wodurch das Kraut dunkler wird) und zum Ablöschen halb Apfelsaft oder Cidre, halb Weißwein verwendet.
Ananaskraut (auch Basis zum Champagnerkraut) bereitet man, indem man statt Weintrauben kleine Stücke frischer Ananas mitschmort und das tischfertige Kraut beim Servieren mit einer Viertelflasche Sekt oder Champagner übergießt.

Schalotten

Edler als Zwiebeln. Trockene von Kastaniengröße und mit gelbroter Schale sind die besten.

Schwarzwurzeln

Ein besonders feines Wurzelgemüse mit spargelähnlichem Geschmack. Die Wurzeln sollen 2–3 cm dick und 20–30 cm lang sein. Die gräßliche Schmutzarbeit beim Schwarzwurzelschälen erspare ich mir, indem ich die Wurzeln abbrause und gar koche. Die dunkle Haut kann dann problemlos abgezogen werden.

Sellerie

Beim Anschnitt beachten: hellweiße Farbe, leicht bräunlich durchzogen. Sellerieknollen müssen massiv gefüllt sein und dürfen keine mürben oder hohlen Stellen haben.
Es lohnt sich, Sellerieknollen ungeschält zu kochen. Der Sellerie hat dann ein kräftigeres Aroma. Damit er innen schön weiß bleibt, füge ich dem Kochwasser etwas Öl hinzu und lasse ihn im offenen Topf garen. Geschält wird die Knolle erst danach.
Ja, es stimmt; im Sellerie sind tatsächlich Stoffe enthalten, die die Manneskraft stärken: Eisen, Magnesium, Calcium, Schwefel und Phosphor verbinden sich in der Knolle zur kraftvollen Mineralienmischung, die vor allem im Rohkostsalat wirksam wird.

Spargel

Spargel gibt es von April bis zur zweiten Junihälfte. Letzter »Stichtag« ist St. Johannis, der 24. Juni. Die Schnittflächen müssen noch saftig, die Köpfe fest und geschlossen sein.
Spargelstangen immer von oben nach unten schälen. Dabei unterhalb des Kopfes ansetzen. Die holzigen Enden abschneiden (für Suppen auskochen oder mit der Schale als »Bett« zum Spargelkochen verwenden).
Grüner Spargel hat mehr Vitamine als weißer. Im Gegensatz zum weißen Spargel wird der grüne, wenn überhaupt, nur im unteren Drittel der Stange dünn geschält.
Tiefgefrorene Spargelstangen gleich in siedendes Salzwasser (1/2 l auf 500 g Spargel) geben.

Spinat

Wichtig sind frische grüne Farbe und knackige Konsistenz,

darf keine braunen Blätter haben. Passende Gewürze: Basilikum, Borretsch, Muskat, Piment.
Spinat muß in siedendem Wasser besonders herbe Verluste schlucken – er verliert ganze 66 % seines ursprünglichen Vitamin-C-Gehalts. Ich koche ihn deswegen so kurz wie möglich und immer in gut verschlossenem Topf mit wenig Kochwasser. Wie bei fast allen Blattgemüsen reicht das vom Waschen nach dem Abtropfenlassen noch anhaftende Wasser.

Spitzkohl

Muß fest gefüllt sein, nicht aufblühend. Gewürz: Kümmel.

Sprossen

In jedem Samenkorn schlummert das letzte große Geheimnis allen Lebens. Jahrtausende hat dieser Schlaf überdauert. Als nach 4000 Jahren die ersten Grabkammern der Pharaonen geöffnet wurden, fanden sich unter den Totengaben Weizenkörner. Ein Tropfen Wasser und ein wenig Wärme genügten, um das Korn zum Leben zu erwecken: Ein Keim sprengte seine Hülle, das Wunder der Auferstehung wurde sichtbar.
Das Rätsel der im Weizenkorn ruhenden Kraft hat die Wissenschaft bis heute nicht gelöst. Es wird ihr auch in Zukunft nicht gelingen. Was geschieht, wenn der Keim sich regt und zum Sproß heranwächst? Nur das ist heute in allen seinen Wirkungen registriert: Stärke verwandelt sich in Zucker, Eiweiß wird in seine Bausteine zerlegt, Enzyme vermehren sich explosionsartig und machen die Mineralstoffe löslich. Binnen Stunden steigert sich die Synthetisierung der Vitamine: Vitamin A nach 20 Stunden um 180 %, Vitamin C um das Zwanzigfache und die Gruppe der B-Vitamine um das Dreifache.

Aus der asiatischen Küche sind uns Sojasprossen längst vertraut. Auch an keimende Kresse als Brotbelag traute sich der Normalverbraucher heran. Aber sonst? Eher geringschätzig betrachteten wir trotz wachsenden Gesundheitsbewußtseins die »Körnerfresser«. Wer vegetarisch lebte, geriet ins Odium eines Gustav Nagel, der nur Rohkost aß, alles klein schrieb, seine eigene Wäsche aus kratzender Wolle webte und jede Heizung verachtete. Erst durch die Nouvelle cuisine entstand jene kreative kulinarische Erfahrung, die den Feinschmecker aufhorchen ließ: die Würze junger Linsensprossen, der kräftige Biß von Senfkeimen, von sprossendem Rettich, von Radieschen- und Leinsaat; das Wachtelbrüstchen auf Sesamsprossen als »amuse-gueule«, Bohnen- und Senfkeime als Butterbeigabe, die Sprossen der Luzerne, an denen sich das Lamm als Futterpflanze erfreute, Alfalfa genannt, jetzt als Beilage zu seinem zarten, rosa gebratenen Rücken.
Gourmandise und Gesundheit schließen sich nicht aus. Im Gegenteil. Für die eigene Küche müssen wir nicht warten, bis der schlafende Handel ein neues Geschäft wittert und sein Sprossenangebot erweitert. Das Keimen geht rasch und ist einfach. Nur: Der Samen darf nicht chemisch gebeizt sein – deswegen sind Bioläden und Reformhäuser noch die einzig richtigen Bezugsquellen. Alles andere steht auf der Packung. Vollwertkost ist keine Umschreibung mehr für fade Küche. Feinschmecker – laßt uns von Sprosse zu Sprosse klettern!

Steckrüben

(Kohlrüben, Wruken)

Je nach Region heißt die Steckrübe Kohlrübe oder Wruke. Als Eintopf ist sie überall in der deutschen Küche wohlbekannt. Nur ohne grüne Auswüchse oder Schimmelstellen in Rissen und Ecken kaufen. Passende Gewürze: Beifuß, Majoran.

Tomaten

Freilandware – auch bei Importen – ist den Treibhaustomaten geschmacklich vorzuziehen. Kleine Früchte schmecken intensiver als große. Passende Gewürze: Basilikum, Liebstöckel, Majoran, Oregano, Paprika, Petersilie, Schnittlauch.
Werden Tomaten zum Kochen verwendet, vorher enthäuten, da die Schale sich beim Kochen löst und sich zu unverdaulichen harten Röllchen formt. Die Haut läßt sich ganz leicht abziehen, wenn man die Tomaten am oberen Ende kreuzweise einschneidet, sie dann eine halbe Minute in kochendes Wasser taucht und kalt abschreckt.
Unreife Tomaten, inmitten von Äpfeln gelagert, werden in wenigen Tagen rot und entwickeln einen aromatischen Geschmack. In ausgehöhlte ungeschälte Tomaten, die gefüllt werden sollen, vorher 4–5 Reiskörner hineinstreuen. Sie nehmen die Flüssigkeit auf. Die Tomate bleibt dadurch fest. Die Reiskörner garen während des Kochvorganges. Damit meine Tomatensuppe nicht gerinnt, gieße ich sie in die Sahne oder in Crème fraîche und nicht umgekehrt.

Topinambur

Auch Erdartischocke, Jerusalemer Artischocke, Erdbirne oder Roßkartoffel genannt. Sie ist eine Sonnenblumenart (Helianthus tuberosus) mit hellbraunen, eßbaren Knollen. Die Topinamburknollen enthalten keine Stärke, sondern Inulin, ein stärkeähnliches Kohlenhydrat, das von Zuckerkranken gut vertragen wird. Topinamburs haben einen angenehmen, nußartigen Geschmack und lassen sich vielfältig, ähnlich wie Pastinaken, verarbeiten.

Zucchini

Gurkenähnlich geformte Gemüsekürbisse mit weiß- bis dunkelgrüner, oft gesprenkelter Schale. Etwas weniger saftig als Salatgurken. Werden zunehmend auch in Deutschland angebaut. Zucchini enthalten viel Vitamin A, außerdem Vitamin B_1, B_2 und Vitamin C, Calcium und Eisen. Sie sind vielseitig verwendbar, eignen sich als Salat ebenso wie als Gemüse zu Eintöpfen und zum Füllen. Die Früchte immer entkernen, Kappe und Stielende abschneiden und ungeschält zubereiten (nur sehr große, ältere Früchte schälen). Zucchini werden unreif (grün) geerntet, Gewicht zwischen 200 Gramm und 4 Kilo. Passende Gewürze: Basilikum, Petersilie, Rosmarin.

Zwiebel

Die Zwiebel wurde in den vergangenen Jahrhunderten immer weiter veredelt: als Schalotte, Haushalts-, Perl-, Frühlings- oder rote Zwiebel ist sie heute auf dem Markt. Wie kaum eine andere Frucht läßt sie sich mit den verschiedensten Gemüsen und Fleischarten kombinieren und entwickelt dabei in jeder Zusammenstellung einen anderen Geschmack.
Zwiebeln mit blauer Haut sind schärfer als die mit weißer, Zwiebeln mit gelber Haut milder als solche mit weißer Haut. Die oft mehr als faustgroße Gemüsezwiebel ist die mildeste, süßeste. Zwiebeln enthalten eine Menge wertvoller Eiweißstoffe, Vitamine der Gruppen B und C und – wichtiger noch – die Mineralstoffe Kalium, Calcium, Zink und Phosphor.
Zwiebeln müssen luftig in Netzen, nicht in Plastikbeuteln, kühl und trocken aufbewahrt werden. Nie ins Gefrierfach legen! Wenn Zwiebeln einzeln in Folie eingewickelt werden, treiben sie nicht, werden nicht matschig und bleiben lange saftig.
Die Zwiebel hat ein Geheimnis bewahrt, das sich bis heute je-

der Analyse und wissenschaftlicher Definition entzieht: Auf den Rosenfeldern Bulgariens (von dort stammen 90 % des für die Parfümindustrie unentbehrlichen Rosenöls) wird die Zwiebel seit eh und je zwischen die Rosen gepflanzt, um den Duft der Blumen zu verstärken. Das balkanesische Sprichwort »Die Zwiebel macht die Rose heiß« ist auch ohne Anspielung aufs Amouröse gärtnerisch nachprüfbar.

»Wenn die Mutter nach Zwiebeln riecht
und der Vater nach Knoblauch,
kann die Tochter nicht nach Rosen duften.«
(Jüdisches Sprichwort)

Gemüse tiefkühlen

Gemüse läßt sich tiefgefroren 8 Monate lang lagern. Zum Einfrieren wird es wie folgt vorbereitet:

Artischocken
Mit scharfem Messer stutzen, so daß die harten Blattspitzen wegfallen. Blanchierdauer: 2–4 Minuten.

Auberginen
In Scheiben schneiden oder füllen. Nur vorgegart einfrieren.

Blumenkohl/Broccoli
Blätter, Strunk und dunkle Stellen entfernen, in Röschen zerpflücken. Blanchierdauer: 2–4 Minuten.

Bohnen, grüne/gelbe
Spitzen entfernen, abfädeln, gleichmäßig lang schneiden. Blanchierdauer: 3–4 Minuten.

Bohnen, dicke (Puffbohnen)
Palen, verlesen. Blanchierdauer: 3–4 Minuten.

Erbsen
Palen, verlesen. Blanchierdauer: 1–2 Minuten.

Fenchel
Halbieren oder vierteln. Blanchierdauer: 3–4 Minuten.

Grünkohl
Grobe Stiele entfernen. Blanchierdauer: 2–3 Minuten, dann hacken.

Karotten, Möhren
Putzen, in Scheiben oder Würfel schneiden. Blanchierdauer: 2–4 Minuten.

Kohlrabi
Blätter entfernen, schälen, in Scheiben oder Streifen schneiden. Blanchierdauer: 3–4 Minuten.

Kräuter
z. B. Petersilie, Schnittlauch, Dill, Kresse
Waschen, abtropfen lassen, schneiden bzw. hacken, nicht blanchieren.

Paprikaschoten
Stiel entfernen, entkernen, in Stücke oder Streifen schneiden. Blanchierdauer: 2–3 Minuten.

Pilze
Verlesen, mehrmals waschen, bei größeren Pilzen Stiele und Lamellen entfernen, in gleichmäßige Stücke teilen. Besser als Fertiggericht einfrieren.

Porree (Lauch)
Wurzeln und hartes Grün entfernen, halbieren, in Stücke schneiden. Blanchierdauer: 3–6 Minuten.

Rosenkohl
Gelbe Blätter entfernen, Strunkansatz abschneiden. Blanchierdauer: 3–4 Minuten.

Rote Bete
Säubern, im Ganzen kochen, schälen, in Scheiben schneiden oder raspeln, nicht blanchieren.

Rotkohl, Weißkohl, Chinakohl
Schneiden Blanchierdauer: 3–5 Minuten Besser als Fertiggericht einfrieren.

Schwarzwurzeln
Putzen, in Stücke schneiden. Blanchierdauer: 3–4 Minu-ten.

Spargel
Schälen, evtl. in Stücke schneiden, nicht blanchieren.

Spinat und Mangold
Verlesen, mehrmals waschen. Blanchierdauer: 1–2 Minuten, danach hacken.

Suppengrün
Sorten einzeln vorbereiten, getrennt blanchieren. Blanchierdauer: 2–4 Minuten.

Tomaten
Was macht man mit überreifen Tomaten? Kurz überbrühen, abhäuten und danach einfrieren. Prima für Tomatensauce, Gulasch oder Pizza!

Zucchini
Kerne entfernen, in Stücke schneiden. Blanchierdauer: 2 Minuten.

Man ahnt gar nicht, was man alles einfrieren kann: Von der Ingwerwurzel bis zum gemahlenen Kaffee. Auch gehackte Zwiebeln oder Knoblauch lassen sich in Plastiktütchen gut einfrieren und sind so immer zur Hand. Eine geputzte Meerrettichstange friere ich im Ganzen ein. Wenn ich davon brauche, rasple ich von der gefrorenen Stange etwas ab. Das hat den Vorteil, ich vergieße dabei keine Träne, denn solange der Meerrettich gefroren ist, setzt er keine ätherischen Öle frei.

Rund um die Gemüseküche

Ärgerlich: Bei überbackenem Gemüse wird so oft versäumt, das Gemüse vorher nur halb zu garen. Völlig gegartes Gemüse wird durch das zusätzliche Überbacken fast immer viel zu weich und matschig.

Teltower Rübchen, Kartoffeln, Sellerie und Möhren – ja manchmal sogar Sauerkraut – bekommen bei mir den Karamelmantel verpaßt. Ich gebe die Gemüse in gebräunten Zucker und gieße zum Garen mit Fond auf. So kriegen sie ein herb-süßes Aroma, bleiben saftig und machen durch ihren Glanz auch optisch was her.

Ich bin zwar kein Freund von Ikebana auf dem Teller, aber es läßt sich nicht leugnen: Das Auge ißt mit. Und somit hier mein kleiner Deko-Tip: Frühlingszwiebeln und Chilischoten entfalten sich zu hübschen Blüten, wenn man sie von der Spitze her mehrfach einschneidet und in eiskaltem Wasser aufgehen läßt. Auch die eßbaren Blüten von Gänseblümchen, Kapuzinerkresse oder Borretsch streue ich gern über den fertigen Salat.

Obst und Gemüse sind gesund. Doch was hilft's, wenn ihnen im Kochtopf der Garaus gemacht wird? Hitze, Sauerstoff aus der Luft, Gardauer und Wassermenge bestimmen, was zum Schluß noch im Essen steckt. Ein schlechter Topf gibt den

»Sensibelchen« den Rest. Zerstörer Sauerstoff hat ungehindert Zutritt, wenn der Deckel nicht richtig auf den Topf paßt.

Wie soll's je Frieden in der Welt geben, wenn sich schon Obst und Gemüse nicht miteinander vertragen können? Jedenfalls manche Sorten. Avocados werden geradezu aggressiv, wenn sie neben Blumenkohl, Broccoli und Auberginen lagern. Kartoffeln, neben Äpfeln plaziert, fangen vor Wut an zu keimen. Selbst die sanfte Banane macht benachbarten Birnen braune Flecken. Und Tomaten sind als brutale Gurken- und Zucchini-Killer entlarvt worden. Also von wegen – alle miteinander dekorativ im großen Obstkorb aufheben! Give peace a chance!

Immer wieder diese dämlichen Plastiktüten mit Sauerkraut, das ich gerne lose kaufe. Es sollte sich doch wenigstens beim Handel rumgesprochen haben, daß sich durch die Säure des Krauts schädliche Stoffe aus dem Plastikpack lösen. Folge: Geschmack und Vitamine leiden.

Tip für Gartenbesitzer: Paprika, Auberginen, Zuckermais und andere Fruchtgemüse schmecken viel besser, wenn man sie nicht voll ausgereift erntet.

Den Sud von fertiggekauften Gurken im Glas kann man ohne weiteres nochmals verwenden, wenn die Früchte herausgegessen sind. Einfach neue Gurken- und Zwiebelscheibchen einlegen, fest verschließen und einige Tage in den Kühlschrank stellen. Nicht ad infinitum verwenden!

Beim Blanchieren von frischem grünem Gemüse mit dem Salz eine Prise Zucker ins kochende Wasser. Gemüse nach kurzem Überwallen eiskalt abschrecken und dann erst tischfertig machen. Das weiß jeder. Aber: Das Kochwasser aufheben (gegebenenfalls sogar einfrieren) und es wieder und wieder verwenden, ohne erneut zu würzen, das ergibt schließlich eine fettfreie Gemüsebouillon, die kalt oder warm in der Tasse mit einem Schuß Gin oder gehackten Kräutern serviert wird. Super.

Auch bei Getreidearten gibt es Moden. So ist heute der lange Zeit vergessene Grünkern wieder angesagt. Er wird aus einer uralten Kulturform des Weizens, dem Dinkel, gewonnen und ist eines der hochwertigsten Getreide überhaupt. Geerntet werden die Körner schon Anfang Juli, wenn sie noch weich sind (»milchreif« nennt das der Fachmann), dann werden sie gedörrt. In diesem Fall gehe ich gern mit der Mode und verwende Grünkern, auch als Schrot, in vielen Gemüseaufläufen.

Eine richtige, deftige Hausmacher-Erbsensuppe muß bekanntlich lange kochen. Um nicht ständig rühren zu müssen, damit nichts ansetzt, lege ich auf den Boden des Topfes eine Scheibe Brot. So kann nichts anbrennen.

Ich weiß zwar, daß Tomatensaft weniger Kalorien als Apfelsaft oder Orangensaft hat. Daß man ihn als Appetitzügler bei Schlankheitsdiäten pur vor dem Essen trinkt, war mir neu. (Bloody Mary bewirkt das Gegenteil!)

Eintopf-Prominenz

❖

Die Liste bekannter Persönlichkeiten, die Eintöpfe schätzen, ist stattlich. Angeführt wird sie von Benjamin Graf von Rumford (1753–1814), der nicht nur Münchens Englischen Garten konzipierte, sondern auch die nach ihm benannte Rumfordsuppe und damit den Eintopf erfand. Noch heute wird die Rumfordsche Suppe, die der Graf 1799 im Zuchthaus zu

Glückstadt als Sonntagsmahlzeit mit großem Erfolg testen ließ, nach seinem Rezept gekocht.

Ihm folgte der Koch Dunand, der in der Ebene von Marengo für Napoleon das Abendessen zubereiten sollte. Alles, was der Koch hatte, war ein Huhn. Er kochte es mit allen Zutaten, die sich fanden, in einem Topf. Napoleon mundete das »Poulet Marengo« über alle Maßen – der Hühnereintopf war geboren.

Wenn Kaiser Wilhelm II. einen Gast persönlich auszeichnen wollte, lud er ihn in kleinem Kreis zu seinem Lieblingsessen, einer Kartoffelsuppe, ein.

»Wo nischt drin ist, kommt nischt raus«, sagte der Maler Max Liebermann, wenn ein Gast nach dem Rezept seiner Erbsensuppe fragte. Gelbe geschälte und grüne ungeschälte Erbsen waren für Liebermann ebenso wichtig wie Spitzbein, Schweineöhrchen und durchwachsener Schweinebauch. Von geräuchertem Schinkenspeck, Majoran und Zwiebeln sowie einer Knoblauchzehe ganz zu schweigen. Absoluter Höhepunkt seines Erbseneintopfs ist der eine Eßlöffel rohes Sauerkraut, das in die Mitte jeden Tellers gelegt wird. Ob Sie diesen Eintopf durch geröstete Weißbrotwürfel oder Kochwürste weiter verfeinern, ob Sie ihm durch kroß gebratene Speck- und Zwiebelwürfel eine höhere Weihe geben, bleibt Ihrem persönlichen Geschmack überlassen.

Kein Koch konnte es Stalin recht machen, wenn er sein Lieblingsessen Tschakum Bili – Hühnersuppe nach kaukasischer Art – orderte. Dafür stellte er sich im Kreml selbst an den Herd.

Nicht nur um das Vaterland und um die D-Mark hat sich Ludwig Erhard verdient gemacht. Bei der Zubereitung seines Pichelsteiner Topfes mit vier Fleischsorten (Hammel, Kalb, Rind und Schwein) duldete er in der Küche keine Assistenz.

Der größte aller Eßgenüsse war für den Verleger Ernst Rowohlt eine Krebssuppe, die 24 Stunden ohne Unterbrechung köcheln mußte. Einen Eintopf aus seiner Heimatstadt Bremen mit dem merkwürdigen Namen »Pluckte Finken« (geräucherter Speck mit Möhren, Äpfeln, weißen Bohnen und Kartoffeln) machte der mächtige Gourmand im Berlin der zwanziger Jahre berühmt.

Die Kreation eines Luxus-Eintopfes, Erbsensuppe mit Hummer, verdankt der Feinschmecker ebenfalls einem Koch-Außenseiter: dem Fernseh-Oberinspektor Derrick alias Horst Tappert.

Gäbe es den Drei-Sterne-Koch Eckart Witzigmann nicht, könnte der Eindruck entstehen, daß große Köche die Deftigkeit von Eintöpfen geringschätzen. Sein Lieblingsessen ist ein Graupeneintopf.

Pilze

»Bei Pilzen und Dichtern kommen auf einen guten zehn schlechte.«
(Volksweisheit)

Vom Umgang mit Pilzen

Zur Zubereitung von Pilzgerichten eignen sich kunststoffbeschichtete Pfannen und Töpfe, ebenso emailliertes Geschirr und solches aus feuerfestem Glas oder hitzebeständigem Porzellan. Zur Aufbewahrung von Resten im Kühlschrank keine Metallgefäße benutzen!

In der Regel werden Pilze immer fein aufgeschnitten, je festfleischiger, desto feiner, damit sie ihr Aroma besser entfalten können und leichter verdaulich werden. Längeres Kochen oder Braten nützt später nichts mehr, davon werden sie nur härter. Kein Streifen sollte länger als 3–4 cm sein. Der Stiel wird quer zur Faser in dünne Scheiben geschnitten. Ein gutes Pilzgericht muß in zehn Minuten fertig sein.

Starkes Würzen übertönt das feine Pilzaroma. Zu Pilzen passen als Gewürze Knoblauch, Thymian, Rosmarin und gekörnte Brühe statt Salz.

Das Nonplusultra jedes Pilzgerichtes ist die Zugabe einer kleinen Menge feingehackter roher Pilze kurz vor dem Auftragen. Dazu eignen sich besonders Graublättriger Schwefelkopf, Stockschwämmchen und junge Pfifferlinge.

Frisch gepflückte Waldpilze mit geringem Schmutzanteil möglichst ohne Waschen putzen. Läßt sich das Waschen nicht vermeiden, die Pilze, bevor sie zerschnitten werden, nach kurzem, aber gründlichem Waschen im Sieb sanft trocken schütteln. Haben sie zuviel Wasser aufgesogen, kann man sie wie einen Schwamm ausdrücken. Das schadet nicht und verhindert, daß sich beim Schmoren zuviel Flüssigkeit bildet.

Dosenpilze vor der Verarbeitung unter fließendem, kaltem Wasser abspülen und abtropfen lassen.

Über kein Wildgemüse wird so viel Unsinn von Generation zu

Generation weitergegeben wie über Pilze. Mit dem Silberlöffel oder der geschälten Zwiebel im Kochtopf, sagt Oma, könne man die Verträglichkeit sicher prüfen – werden die Fremdkörper blau oder schwarz, ist ein Giftpilz dabei, und man muß die Pilze wegwerfen. Diese Pseudoweisheit führte schon zur Ausrottung ganzer Familien. Fröhlich wurde zugesehen, wie der Silberlöffel blank, die Zwiebel weiß blieb – also anscheinend alles in Ordnung war. Wenn dann die honigartig wohlriechenden Grünen Knollenblätterpilze auf dem Teller liegen, sollte der Notarztwagen zum nächsten Krankenhaus schon startklar sein.

Wer wie ich leidenschaftlicher Pilzsucher ist und mit ebensolcher Leidenschaft am Leben hängt, geht nicht ohne R. M. Dähnkes »Pilzkompaß« – im praktischen Taschenformat und mit wasserabweisendem Umschlag – in den Wald. Für vermeintlich und auch für wirklich Erfahrene ist dieser Pilzsteckbrief, illustriert mit 75 genauen Farbfotos, schon die halbe Lebensversicherung.

Wichtige Pilze für die Küche

Verhältnismäßig häufig kommt im Sommer und Herbst im Kiefernwald, an Wegen und in Schneisen der *Butterpilz* vor. Er hat eine gewisse Ähnlichkeit mit den Maronen; seine Röhren sind zunächst hellgelb, später schmutziggelb, die Oberhaut ist beim jungen Pilz schleimig, beim alten glatt und glänzend und immer leicht abziehbar. Am Stiel findet man den Rest seiner Geburtshülle, als weißen Ring im oberen Drittel. Wegen seiner Zartfleischigkeit eignet er sich besonders zum Braten.

Dieser Pilz ist standorttreu. Merken Sie sich also die Stelle, wo Sie ihn gefunden haben. Er erfreut Sie nächstes Jahr wieder dort. Verwechslungsmöglichkeit mit dem Körnchenröhrling und dem Goldröhrling.
Wichtig: Den Butterpilz schon im Wald putzen, denn er will nicht gewaschen werden, weil er das Wasser wie ein Schwamm aufsaugt. Außerdem verhindert das Abziehen der schmierigen Huthaut, daß die anderen Pilze im Korb verschmutzen.

Auf Pferdekoppeln und Kuhweiden suchen wir die Champignons, deren erste Vertreter sich schon Ende Mai zeigen. Champignons gehören zur Familie der Egerlinge. Mit etwas Pilzglück kann man zwei verschiedene Arten von Champignons abschneiden: den *Wiesenchampignon* und den *Anischampignon.* Alle Champignons haben freie Lamellen, die beim jungen Exemplar rosa bis graurötlich sind und später dunkelbraun werden. Der Stiel ist weiß, kahl und schlank, ein Hautring umgibt ihn im oberen Drittel.

Champignons gehören zu den besten Speisepilzen überhaupt. Was wir normalerweise unter diesem Namen an gezüchteten Exemplaren kaufen, ist in Aroma und Geschmack eine müde Ahnung vom »wilden« Exemplar; was uns in Dosen – meist aus China – als Mini-Champignon angeboten wird, gehört eher auf die technische Messe nach Hannover als in die Küche.

Will Ihnen ein Pilzfreund eine Stelle zeigen, wo es den *Hallimasch* besonders zahlreich gibt, lassen Sie ihn allein dorthin ziehen. Seit einiger Zeit weiß man, daß dieser Pilz, der nur ganz jung wohlschmeckend ist, in rohem Zustand giftig ist. Und selbst gekocht ruft er in Verbindung mit Alkohol bei vielen Leuten Gleichgewichtsstörungen hervor.

Eine der ganz großen Delikatessen, die von Sommer bis Herbst in Buchenwäldern wächst, ist die *Herbsttrompete*. Daß sie auch Totentrompete heißt, sollte niemand stutzig machen und daran hindern, den 5–12 cm hohen Pilz, der häufig in Trupps vorkommt, einzusammeln. Sein schrumpliges Äußeres ist nicht besonders ansprechend. Er ähnelt einem Füllhorn oder einem Trichter mit umgebogenem Rand, ist grau, graubraun, manchmal beinahe schwarz. Seine Außenseite ist schwach runzlig, geädert und leicht faltig, sein Fleisch dünn und brüchig. Es gibt keine Verwechslungsmöglichkeit mit Giftpilzen.
Die beste deutsche Pilzkennerin, Rose Marie Dähnke, schreibt über die Herbsttrompete: »Als Frischgericht schmeckt sie schon sehr gut, ist aber viel zu schade dafür. Unübertrefflich wird die Herbsttrompete erst in getrocknetem Zustand, wenn sie zerbröckelt oder in Pulverform einem Gericht die denkbar feinste Würze gibt. Eine Trompetensuppe wird auch durch Morcheln nicht in den Schatten gestellt, die allgemein als das

Nonplusultra für Pilzsuppe gelten. Die Großen unter den Küchenchefs verwenden die Herbsttrompete als Trüffelersatz, was ihr zwar Anerkennung zollt, sie aber als Ersatz unverdientermaßen herabmindert. Wenn man das Verhältnis zwischen beiden klären wollte, wäre es richtiger, die Trüffel als Ersatz für die Herbsttrompete hinzustellen. Ihr Aroma schwindet nie, während manches Scheibchen Trüffel den Gourmet schon enttäuscht hat und ihn an seinem eigenen oder an der Trüffel Geschmack zweifeln ließ.«

Im Gras des Nadelwaldes wächst oft in Massen der *Maronenröhrling*. Dieser gute Speisepilz ist kaum mit Giftpilzen zu verwechseln. Sein Hut ist kastanienbraun. Bei Feuchtigkeit wird er leicht schmierig. Die gelbgrünlich- bis olivfarbigen Röhren verfärben sich bei Druck blau. Maronen lassen sich feingeschnitten und getrocknet sehr gut konservieren.

Die *Morchel* (Speise- und Spitzmorchel) mit ihrem dünnen, brüchigen Fleisch finden wir zwischen April und Juni in lichten Laubbeständen und Gärten. Dieser kalkliebende Pilz, dessen Hut und Stiel hohl sind, ist ein ausgezeichneter Speisepilz, der durch Trocknen an Geschmack noch gewinnt. Getrocknete Morcheln, die man zu Saucen oder Frikassee verarbeiten will, verlieren durch unsachgemäße Behandlung schnell ihren typischen Wohlgeschmack. Also:

1. Nie in einer Metallschüssel einweichen. In lauwarmes Wasser und Milch zu gleichen Teilen in einer Schüssel aus Porzellan oder Keramik legen.
2. Nach frühestens einer Stunde Morcheln herausnehmen, Einweichwasser durch eine Filtertüte laufen lassen und aufheben. Pilze je nach Verwendungszweck zurechtschneiden und mehrfach (!) gründlich waschen.
3. Morcheln unter Rühren leicht in Butter anschwitzen und

mit dem durchgefilterten Einweichwasser ablöschen. Unter ständigem Rühren so lange eindampfen lassen, bis die Flüssigkeit von den Pilzen aufgenommen ist.

Jung, insbesondere, wenn er noch geschlossen ist, sieht der *Parasol-* oder *Schirmpilz* aus wie ein Ei, das mit der Spitze auf einer Stange steht. Er ist ein guter, wohlschmeckender Speisepilz. Im Alter wird er leider lederartig, und die Stiele sind holzig und zäh.

In Laub- und Nadelwald erfreut das Sammlerherz der *Pfifferling*. Jeder kennt ihn, und – eine Seltenheit bei Pilzen – er kann weder verwechselt noch gezüchtet werden. Sein pfeffrig-würziges Aroma hat ihn zum beliebtesten Speisepilz gemacht. Leider ist er von allen Pilzen der am schwersten verdauliche. Sein Nährwert ist gleich Null.

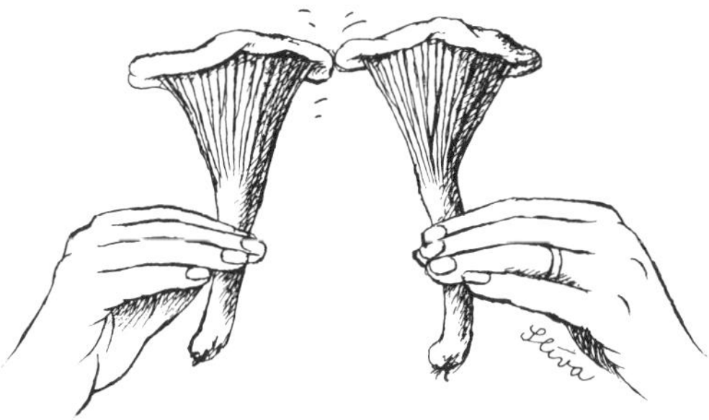

In der Nähe von Birken kommen besonders zwei Pilze vor: die *Rotkappe* und der *Birkenpilz*. Beide können nicht mit Giftpilzen verwechselt werden. Der Hut der Rotkappe erreicht bis zu 20 cm Durchmesser und ist rot- oder orangebraun, die Huthaut trocken und etwas körnig, seine Röhren sind jung dunkelgrau, später heller bis gelblich-grau. Sein Fleisch ist weiß und fest, verfärbt sich an der Luft ins Bläulichgraue, beim Schmoren wird es schwarz. Zum Trocknen eignet er sich gut. Eine alte Rotkappe und ein alter Birkenpilz können sehr ähnlich aussehen. Ein Druck mit dem Finger auf den Hut gibt Auskunft: Die Rotkappe bleibt bis ins Alter festfleischig, während der Birkenpilz dann schwammig-weich und im Grunde nicht mehr sammelnswert ist.

Sowohl unter Kiefern und Tannen als auch im Laubwald, der mit Eichen durchsetzt ist, wächst der deutsche König des Waldes, der *Steinpilz*. Aus gutem Grund wird er auch Herren- oder Edelpilz genannt. Je nach Alter und Standort wird er 10–20 cm hoch, der weißlich-hellbraune bis dunkelbraune Hut erreicht bis zu 20 cm Durchmesser. Die Farbe der Röhren ist zunächst weißlich, dann gelblich, im Alter olivgrün; sie lassen sich leicht vom Hutfleisch ablösen. Der Stiel ist von weißer bis bräunlicher Farbe, immer mit feiner, erhabener, weißer Netzzeichnung in der Nähe der Spitze. Der Steinpilz eignet sich, in feine Scheiben geschnitten, hervorragend zum Trocknen und steht so als erlesene Würze für Saucen und Suppen das ganze Jahr zur Verfügung.
Verwechslungsmöglichkeit: der *Gallenröhrling*, der bittere Doppelgänger des Steinpilzes. Der Gallenröhrling ist jedoch nicht giftig, sondern nur ungenießbar. Seine Röhren sind weiß mit einem Anflug von Rosa. Damit nicht das edle Steinpilzgericht durch seine fiese Bitterkeit verdorben wird, kaut man im Zweifelsfall ein fünfpfenniggroßes Stück. Ist es der Doppelgänger, spuckt man die Probe schnell freiwillig wieder aus, so teuflisch bitter ist das Biest.

Sehen wir beim Pilzesuchen ganze Kolonien kleiner, bräunlicher oder schwefelgelber Pilze auf vermodertem Holz wachsen, sollten wir zugreifen. Denn entweder ist es das *Stockschwämmchen* oder der *Graublättrige Schwefelkopf*. Beide sind ganz hervorragende Würzpilze, und oft findet man mehr als hundert an einer Stelle. Auf jedem Markt in Frankreich muß man sie hundertgrammweise teuer bezahlen, nur wir Deutschen lassen sie aus Unkenntnis meist stehen. Dabei gibt es keine Giftpilze, die den beiden auch nur entfernt ähnlich sehen. Zwar hat der graublättrige Schwefelkopf einen bitteren Verwandten, dessen Lamellen grün scheinen – den *Grünblättrigen Schwefelkopf*. Eine Geschmacksprobe vom rohen Pilz am Fundort schafft sofort Klarheit: Stockschwämmchen und Graublättriger Schwefelkopf schmecken mild, der nicht genießbare, aber ungiftige ist bitter.

Trüffeln sind eine Verirrung der Natur, meinte Plinius. Heute weiß man, daß die weißen, besonders stark duftenden Trüffeln (Tuber magnatum) und ihre schwarzen französischen Schwestern aus dem Périgord (Tuber melanosporum) hypogäische Schlauchpilze sind. Obwohl die weiße fast nur roh, die schwarze dagegen fast immer gekocht verarbeitet wird, gilt für beide, daß sie das poetische Geheimnis großer Gastronomie sind. Beide sind teure Delikatessen. Französische Trüffeln werden auch konserviert angeboten. Schwarze Trüffeln können als dekorative Garnierung für Gänseleberpastete, für feine Leberwurst, für Gerichte in Aspik oder Rührei verwendet werden. Weiße Trüffeln haben einen starken Geschmack, sind sehr aromatisch, werden roh verwendet und lassen sich nicht ohne Qualitätsverlust konservieren.

Salat

*»Mit allem Geiste, den man haben mag,
ist man ebensowenig wie mit aller Weisheit allein imstande,
einen guten Salat zu bereiten; es gehören hierzu vier
Menschen: ein Verschwender, der das Öl gibt und gießt,
ein Geizhals für den Essig, ein Weiser zum Salz
und ein Narr zum Wenden und Mengen
der vier Elemente.«*

(Baron Vaerst)

Interessantes zum Thema Salat

Rousseau, der Naturapostel, schlug der französischen Regierung im 18. Jahrhundert vor, sie solle allen Bürgern das Salatessen durch Gesetz vorschreiben. Dadurch würde sich die Liebe ausbreiten, und es würde keine Kriege mehr geben. Der Klassiker der Gastrosophie, Brillat-Savarin, faßte die guten Eigenschaften frischen Salates in zwei Worte: »Er verjüngt.« Und Alfred Walterspiel, der große Koch, meinte: »Frische Wildsalate sind für die Zunge des Feinschmeckers unentbehrlich.«

Für den Anfang soll man nicht gleich das »Lexikon der Küche« von Richard Hering aufschlagen. Dort stehen sie nämlich säuberlich alphabetisch geordnet – die 33 Salatsaucen, die ein guter Koch kennt. 16 davon sind die »Namenlosen«, 17 haben Eigennamen von Chantilly-Sauce bis Thousand-Island-Dressing.

»Man kann nicht alle Speis
aus einer Büchse würzen.«

Köche haben das Geheimnis ihrer Salatsaucen schon immer vor den Augen Neugieriger verborgen. So war zu Anfang des 19. Jahrhunderts die Wirtin des Hotels »Zur Stadt Rom« in Berlin als Salatmacherin weit und breit bekannt. Frau Drake, so hieß die ehrwürdige Frau, pflegte den Salat stets eigenhändig zu bereiten, und alle Feinschmecker strahlten vor Vergnügen, wenn sie ihre langen Handschuhe abstreifte, um ans Werk zu gehen. Niemals vergaß sie dabei, ihren Gästen zu sagen: »Wer mir dabei stört, kriegt nischt ab.«

Ein Salatkünstler von anderer Art, aber auch ersten Ranges, war Francatelli, der nachmalige Küchenchef der Königin Viktoria von England. Als er noch im Reformclub in London die Küche leitete, galten seine Salate als Meisterstücke. Ein Gast wollte unbedingt hinter sein Geheimnis kommen, obgleich die Clubmitglieder wußten, daß Francatelli zu keiner detaillierten Auskunft bereit war. Auf die Frage, wie er es zuwege bringe, daß seine grünen Salate ein so unvergleichliches Aroma besitzen, antwortete er: »Obgleich es ein Geheimnis ist, werde ich es Ihnen verraten: Nachdem ich alle Vorbereitungen getroffen habe, nehme ich eine kleine Knoblauchzehe, zerkaue sie ganz fein und dann – hauche ich den Salat leicht an.«

Die Blüten der Kapuzinerkresse sind eine herrliche Delikatesse, sie schmecken leicht nach Rettich und sind sehr vitaminreich. Streuen Sie ein paar Blüten auf den grünen Salat. Die jungen Blätter geben ihm einen Hauch von Kapterngeschmack. Auch die Blüten von Gänseblümchen und Borretsch sind als Tüpfelchen auf dem i gut geeignet.

Es gibt Dreier-Kombinationen, die unschlagbar sind. Dazu gehört die Kombination Tomaten, Gurken und Dill als Salat oder Gemüse. Für Salat ist die italienische Variante Tomaten-Mozzarella-Basilikum gleichwertig.

Mein absoluter Lieblingssalat ist Mesclun, den ich früher nur im Frühjahr in Frankreich fand. In der Region um Nizza wird er fast das ganze Jahr über geerntet. Der Salat besteht aus Rauke, Löwenzahn, Schnittsalat, Endivie, Eichblatt, Kresse und Kerbel und wird gleich gemischt auf dem Feld angebaut. Inzwischen kann man die Samen dieses aromatischen Salates als Mischung kaufen und ihn im Gemüsegarten selbst ziehen.

Wer wie ich in der glücklichen Lage ist, seinen Kopfsalat selbst ernten zu können, sollte ihn mit der Wurzel ausheben und wie einen Blumenstrauß ins Wasser stellen. Das sieht hübsch aus, und der Salat bleibt tagelang knackig frisch. Ansonsten lege ich einen Bogen Küchenkrepp auf den Boden des Gemüsefachs im Kühlschrank. Alle Feuchtigkeit wird so aufgesogen, und der Salat hält sich frisch.

Tips für einen guten Salat

Gegen wäßrigen Salat kommt auch die beste Sauce nicht an. Salat also nach dem Waschen im Handtuch (oder Küchenkrepp) trocknen oder trockenschleudern.
Blätter in mundgroße Bissen zerpflücken. Riesenlappen, auch wenn sie dekorativ aussehen, sind schwer zu essen.

Salatsauce nicht erst im letzten Moment anrühren. Eine halbe Stunde vorher vermischt, ziehen alle Zutaten gut durch und entfalten ihr volles Aroma. Salatsauce nie in den Kühlschrank stellen, sondern bei Zimmertemperatur aufbewahren. Im

Kühlschrank erstarrt das Öl in der Sauce, und der Geschmack wird klamm.

Nur bestes Öl verwenden. Bei fast allen Salatsaucen (Ausnahme Kartoffelsalat) können Essig und Öl durch saure Sahne oder Joghurt ersetzt oder mit süßer Sahne kombiniert werden.

Zu viele Kräuter zerstören das Eigenaroma des Salates.

Ohne Knoblauch geht es nicht in meiner Küche. Weil er dann weniger durchdringend riecht, entferne ich den grünen Sproß aus der Mitte der Zehe. Damit die Knoblauchzehen nicht austrocknen, hebe ich sie – geschält – in Öl auf. Wenn der Knofel aufgebraucht ist, ergibt das Öl eine aromatische Salatsauce.

Um nicht lange von Hand zu rühren, gibt man die Zutaten für flüssige Salatsaucen in ein leeres Schraubglas: Deckel zu und wie im Shaker schütteln.

Die meisten frei komponierten Salatdressings gewinnen an Raffinesse, wenn man 1 oder 2 Eigelb von hartgekochten Eiern durch ein Sieb drückt und unterrührt. Überhaupt sollte man, wenn man die drei Grundsaucen (Italian, French und Vinaigrette) beherrscht, der eigenen Phantasie freien Lauf lassen. Stichworte für weitere Würzzutaten: Sojasauce, Worcestersauce, Sardellenpaste oder zerdrückte Anchovis, Oystersauce, Tomaten-, Nuß- oder Pilz-Ketchup, Chutneys aller Art, Estragonessig und Thymian.

Salat nicht in die Sauce tauchen, sondern die fertige Sauce über den Salat geben.

Gemischter Salat sollte so angerichtet werden, daß alle Sorten einzeln und erkennbar nebeneinander auf einer Platte liegen.

Seit ich in einem 3-Sterne-Restaurant bei der Salatausgabe die kleine Schüssel mit trockenem weißen Vermouth entdeckte, haben meine Blattsalate eine neue kulinarische Dimension gewonnen. Kurz vor dem Servieren werden über den schon marinierten Salat ein paar Vermouth-Tupfer verteilt. Das verleiht den Blättern erst die höhere Weihe.

Getränke nur zu solchen Salaten servieren, bei denen eine geschmackliche Ergänzung angebracht ist.

Quer durchs Salatbeet

Batavia *(Eichblattsalat)*

schmeckt herb und ist von rötlich-brauner Farbe.

Bindesalat

heißen Salatsorten, deren Blätter an den Spitzen zusammengebunden werden müssen, um die zarten Herzblätter zu schonen.

Blattsalat

In reichlich Wasser waschen, aber nicht darin liegenlassen, sonst gehen Vitamine und Mineralstoffe verloren. Den Salat erst kurz vor dem Servieren anmachen, er wird sonst unansehnlich.
Daß Treibhaussalat im Winter viel Nitrat enthält, hat sich in-

zwischen herumgesprochen. Die Umwandlung von Nitrat in Nitrit, das im Körper schädliche Nitrosamine bildet, läßt sich ganz einfach verhindern: Ich gebe eine Messerspitze Ascorbinsäure an die Sauce, durch die ich den Salat ziehe. Ascorbinsäure, das ist reines Vitamin C in kristallisierter Form, ist billig in jeder Apotheke erhältlich.

Chicorée

Das Bleichgesicht unter den grünen Salaten, enthält Calcium und Karotin.

Eisbergsalat

Ein besonders knackiger Salat von glasiger Zerbrechlichkeit.

Feldsalat

Siehe Rapunzel.

Radicchio

Eine rotweiße Zuchtform der Zichorie aus Venetien. Besonders gut schmecken die Blätter als »Arrosto«, d. h., sie werden gesalzen, mit Öl beträufelt und auf dem Grill geröstet. Oft wenden und dann schnell, heiß mit Zitrone beträufelt, servieren.

Rapunzel

Auch Feld- oder Ackersalat genannt, in der Schweiz als Nüßli- und in Österreich als Vogerl-Salat bekannt. Die meisten Salate werden durch kurzes Schleudern in kaltem Wasser wieder knackfrisch. Nicht so der Feldsalat. Der braucht lauwarmes Wasser, um seine Frische wieder zu erhalten.

Romana

Auch Römersalat oder Sommer-Endivien genannt; eine aromatische Form des Lattichs mit länglichen Blättern.

Rucola *(Ruchetta, Senfrauke)*

Eine in Italien häufig zum Salat verwendete Raukenart; die Blätter ähneln denen des Löwenzahns. Wird in gutsortierten Gemüseläden angeboten. Wächst auch bei uns im Garten.

Salatsaucen (Dressings)

Italian Dressing

Die einfachste aller Salatwürzen, nämlich 3 Teile Öl (feinstes, grünes von der Olive), 1 Teil Weinessig, Salz, schwarzer Pfeffer.

French Dressing

Ist fast dasselbe – nur ein Löffel französischer Senf wird noch eingerührt.

Roquefort-Dressing

Besteht aus den gleichen Grundzutaten wie Italian Dressing, ergänzt mit durchgestrichenem Roquefort. Diese Käsesauce gibt's auch fertig zu kaufen, dann wird sie auf Mayonnaiseba-

sis mit Zitrone hergestellt und ist manchmal mit Sahne gestreckt.
Wenn ich mein Salatdressing mit Roquefort verfeinern möchte, lege ich den Käse kurz vorher ins Gefrierfach. So läßt er sich ganz leicht mit dem Messer abschaben.

Russian Dressing

Die Krönung für Blattsalate. In eine leichte Mayonnaise kommen feingehackte rote Rüben, grüne und rote Paprikaschoten und frisch gewiegte Petersilie und Schnittlauch, dazu wenige Tropfen Chilisauce, mit Rosenpaprika abschmecken und einen gehäuften Eßlöffel Caviar untermischen.

Kräuter-Vinaigrette

In diese gehören außer 2 EL Weinessig, 1/2 TL Salz, 1 TL frisch gemahlener schwarzer Pfeffer, 6 EL Olivenöl (bis hierhin einfache Vinaigrette) entweder alle oder wenigstens einige der folgenden frischen Kräuter: Kerbel, Estragon, Schnittlauch, Sauerampfer, Kresse, Liebstöckel und glatte Petersilie. Eine Messerspitze zerdrückter Knoblauch empfiehlt sich.

Wildsalate: letzte Zeugen des Paradieses

Salat ist gesund. Das gilt schon für den gezüchteten; in viel höherem Maße aber für die letzten Zeugen des Paradieses: die noch ohne menschliches Zutun wild auf Wiesen und Feldrainen wachsenden Köstlichkeiten. So schön ein Spaziergang in den Frühling ist, wo das Auge sich erfreut am jungen Löwenzahn, an blühendem Wiesenschaumkraut in der Nähe eines Baches, an den hellgrünen Trieben von Taubnesseln und den winzigen weißen Sternchen der Vogelmiere – wenn solche kostenlosen Angebote der Natur uns zur Gaumenfreude werden sollen, bedarf es noch einer sanften Vinaigrette. Kopfsalat, Endivien, Schnittlauch, Brunnenkresse, Chicorée, Fenchel, Spinat oder Lauch, weißer und grüner Spargel, Hopfensprossen – die Palette dessen, was am kommerziellen Frühlings- und Sommermarkt angeboten wird, ist groß. Aber sie alle erreichen nicht das beglückende Gefühl, das uns die selbst gesuchten Wildpflanzen vermitteln.

Natürlich darf man Wildsalat nicht an vielbefahrenen Straßen ernten, sondern nur auf ungedüngten Wiesen oder Feldrainen, die noch natürlichen Bewuchs zeigen und von der Chemiekeule unberührt sind. Viele Rezeptanregungen verdanken wir den Vegetariern, denen mancher vorwirft, sie seien Umweltsünder, weil sie den Tieren das Grünfutter wegfressen.

Die wichtigsten Pflanzenarten, die bei uns noch wild vorkommen und salatfähig sind, sind Löwenzahn, Brennessel und Taubnessel, Spitzwegerich, Wiesenschaumkraut und Vogelmiere.

Löwenzahn

Sammeln: von März bis Mai. Einer der köstlichsten Wildsalate ist der Löwenzahn-Salat. Er enthält dreimal so viel Vitamin C wie normaler Kopfsalat, dazu Karotin, Mineralstoffe, Vitamin B_1 und B_2. Man braucht pro Person etwa drei Hände voll junger Blätter. Es schadet auch nichts, wenn schon eine kleine Blüte

dabei ist. Auf jeden Fall wird dem Löwenzahn ein 10-Minuten-Bad in sehr kaltem Wasser gegönnt, das ihm den bitteren Geschmack nimmt.
Nach dem Trocknen der Blätter schneidet man ein hartgekochtes Ei in Würfel und streut es über den Salat. Eine gewürfelte Scheibe Weißbrot ohne Rinde und einen gehäuften Eßlöffel kleingeschnittenen Schinkenspeck in einer Pfanne gelb rösten. Fett abgießen, Pfanneninhalt unter die Blätter mischen. Mit wenig Zitronensaft oder Kräuteressig beträufeln, danach pro Person einen Eßlöffel Nußöl zufügen und mit Salz und weißem Pfeffer aus der Mühle abschmecken.

Brennessel, Taubnessel

Sammeln: von März bis Mai. Für den Brennessel-Salat kommen nur ganz junge, zarte Pflanzen in Frage. Trotzdem empfiehlt es sich, Gummihandschuhe anzuziehen – auch die kleinen haben schon Feuer. (Taubnesseln brennen nicht.)
Die Blätter sauber putzen und eine halbe Stunde in kaltes

Wasser legen. Anschließend feinschneiden. Zwei Eßlöffel Joghurt mit einem Teelöffel Zitronensaft, einer Messerspitze Zucker, Salz und etwas weißem Pfeffer gut verrühren. Einen Eßlöffel glatte Petersilie, feingehackt, mit den Blättern mischen und die Marinade sparsam darüber gießen.

Spitzwegerich

Sammeln: April bis Juli. Sein botanischer Name ist Plantago lanceolata, im Volksmund wird er auch Hundsrippe, Wegblätter oder Schafzungenkraut genannt. Für etwa 250 Gramm zarte Spitzwegerich-Blätter wird eine klassische Vinaigrette zubereitet, die mit einer Prise Selleriesalz und einer Messerspitze gerebeltem Thymian verfeinert wird. Die Blätter waschen und dreißig Minuten in kaltes Wasser legen. Anschließend feinschneiden, in einer Schüssel anrichten und mit der Vinaigrette gut vermischen.

Wiesenschaumkraut

Sammeln: April bis Juni, am besten während der Blüte. Das Kraut mit dem botanischen Namen Cardamine pratensis wächst in feuchten oder nassen Wiesen, ist ziemlich häufig und gibt einen besonders delikaten Salat. Man sammelt die jungen Blätter und die Blüten. Häufig findet man auf den Pflanzen kleine Schaumhäufchen, die den Larven einer Zikadenart als Lebensraum dienen. Dieser Schaum läßt sich problemlos abwaschen. Blätter und Blüten abzupfen, gut waschen und abtropfen lassen. Aus einem halben Becher Crème fraîche, einem Eßlöffel Nußöl, einem Teelöffel Ketchup, zwei Eßlöffeln Weißweinessig, einem Teelöffel Zucker, einem halben Teelöffel gemahlenem Koriandersamen und etwas weißem Pfeffer wird die Sauce angerührt. Eine besonders interessante geschmackliche Ergänzung entsteht, wenn etwas Brunnenkresse und Blattsalat dazukommen. Den Salat sofort nach dem Durchmischen mit der Sauce servieren.

Vogelmiere

Sammeln: fast das ganze Jahr. Selbst in Balkonkästen gedeiht dieses kleine weißblühende Nelkengewächs, das immer nur als Unkraut beschimpft wird. Erst Pfarrer Kneipp hat die Heilwirkung dieser Pflanze entdeckt, die ein hervorragendes Wildgemüse abgibt, das für Tafelzwecke schon im Mittelalter genutzt wurde. Blätter und Blüten eignen sich als Würze für jeden anderen grünen Salat, natürlich nachdem man Wurzeln und bräunliche Blätter entfernt hat.
In Butter mit etwas feingehackter Zwiebel gedünstet, mit Zitronensaft, Salz und weißem Pfeffer abgeschmeckt, liefert die Vogelmiere eine milde, sehr schmackhafte Gemüsebeilage zu Fleischgerichten. Die zerkleinerte Pflanze kann auch als Suppengewürz verwendet werden.

Essig und Öl

Essig

Essig entsteht durch Essigbakterien, die sich stets in der Luft befinden und zuckerhaltige Flüssigkeiten wie Wein, Fruchtsäfte oder Malzextrakt in Gärung versetzen. Werden solche Flüssigkeiten nicht luftdicht verschlossen, oxidiert der zunächst entstehende Alkohol zu Essigsäure.

Normalerweise hat Essig 5–8 % Säure. Enthält er mehr als 11 % Säure, darf er nicht unverdünnt genossen werden. Der Säuregrad ist auf dem Flaschenetikett angegeben. Weinessig, der je nach Weinart rot oder weiß sein kann, ist der stärkste natürliche Essig. Essig regt die Verdauung an. In Maßen genossen ist Essig gesund.

Branntweinessig

wird aus Alkohol hergestellt, den die Bundesmonopolverwaltung liefert. Er enthält auch im Endprodukt kleine Mengen Alkohol, die den Geschmack beeinflussen.

Kräuter- und Gewürzessig

Durch Auszüge von Pflanzenteilen und Gewürzen in Weinessig hergestellt.

Malzessig

Herstellung aus vermälztem Getreide. Hat etwa 7 % Säure.

Obstessig

wird aus Most hergestellt.

Weinessig aus ...

Weißem Burgunder – für holländische Saucen, sahnige Salatsaucen, Mayonnaisen, Meerrettichsaucen, Vinaigrettes, Sülzen, Pasteten

Gewürztraminer – idealer Carpaccio-Essig, für Lachscarpaccio, zu Pasteten und Eierspeisen, Wachteleiern

Muskateller – für Pilzsalate, Meeresfrüchte, Geflügelsaucen, Vinaigrettes, Leber

Riesling – zu Fischsaucen und Marinaden, Rettich und Radieschen, Kartoffelsalaten und kräftigen Blattsalaten

Spätburgunder – für vollmundige Salatsaucen, Tomatensalate, dunkle Saucen, Rehbraten, Rindfleischsalat

Dornfelder – zum Einlegen von Sauerbraten und Steaks, für mundige, füllige Blattsalate und kräftige Saucen

Domina – für Hammelragout, Schnittsalate, Hasenbraten, Linsen- und Bohnensuppen, Ochsenzunge

Silvaner – ein weicher Essig zu allen hellen Saucen und säuerlichen Saucen, milden Salatdressings, Kopf- und Endiviensalat

Grauer Burgunder – aromatischer, fülliger Essig zu Kalbfleisch, Geflügelpasteten, Ziegen- und Schafskäse, Datteln und Feigen, Äpfel- und Birnenschnitzen

Weinessig mit Zusatz von ...

Wildrosenblüten – für feine Pasteten und Blumensalate, zum Einlegen von Steaks, für Farcefüllungen und Wildspargelsalate, Weichkäse

schwarzen Johannisbeeren – Blattsalate, Pasteten, Rehbraten, Rebhuhn, Sauerbraten

Holunder – für Rotkrautsalat und fruchtige Tomaten-, Wild- und Lammbraten-Saucen die Beeren mitverwenden, Radicchiosalate, Pilzsaucen

Maulbeeren – Die seltenen Früchte des Maulbeerbaumes geben diesem Essig seine raffinierte Note. Für Feldsalate, Käsecarpaccio, Innereien und Wildsalate

Brombeeren – für Fruchtgelees, Obstsalate, Orangensaucen, Halbgefrorenes mit Früchten

Himbeeren – zu Brunnenkresse, Endiviensalat, Eiersaucen, sauer eingelegtem Obst

Pflaumen – zu Ochsenfleischsalat, Wildsalat, Früchteauflauf, Wildsaucen, Kastanienpüree, Gänsepfeffer

wilden Brombeeren – zum Bestreichen von Tauben und Enten, für Rapunzelsalat, lauwarmen Pilzsalat, Ziegen- und Hammelragout

Sauerkirschen – für Obstsalate, Eichblattsalat, Sellerie, Karottensalat, Roastbeef, Fasan in Gelee

Melisse – für Gemüsesalate, Bohnensalate, aromatischen Blattsalat

Estragon – zu Rahmsuppe, für helle Saucen, Chicoréesalat und Kopfsalat

Aceto Balsamico

Zur Königsfamilie der Essige mit Jahrgangsangabe gehört für mich der italienische Aceto Balsamico (Balsamessig). Zu den kulinarischen Höhepunkten zählen bei sparsamer, oft nur tropfenweiser Anwendung von Balsamico:
– Risotto mit Barolo

- pochierte kalte Crevetten in einer Beize aus Schalotten, Karotten, Petersilie und Weißwein
- dünne Radieschen-Scheiben in heißer Butter geschwenkt, mit gehackten Kräutern, Salz, weißem Pfeffer und Balsamico abgeschmeckt
- geröstete Bauernbrotscheiben mit jungem Parmesan belegt, leicht mit frisch gepreßtem Olivenöl und Balsamico beträufelt

Was einige Tropfen Balsamico aus frischen Erdbeeren oder in Kombination mit jungen Haselnüssen auf der Zunge entstehen lassen, gehört für mich ins Gebiet der Erotik.

Vom Umgang mit Öl

Öl eignet sich ganz besonders
- zum Marinieren: Steaks, die vor dem Braten in eine Kräuter-Olivenöl-Mischung gelegt wurden, sind zarter und schmackhafter
- zum Würzen von Salaten und Rohkost
- zum Garen von Ragouts, zum Schmoren und Braten
- zum Fritieren bei Temperaturen bis zu 200 Grad

In meiner Küche habe ich fünf Ölsorten: kaltgepreßtes, grünliches italienisches Olivenöl (extra vergine), zartaromatisches französisches Haselnußöl, für Fernöstliches ein Fläschchen Sesamöl, außerdem Distel- und Traubenkernöl, die wegen ihres hohen Anteils an ungesättigten Fettsäuren so nützlich gegen einen zu hohen Cholesterinspiegel sind.

Beim Saucenmachen mit Essig und Öl immer an die Reihenfolge denken: Erst den Essig mit den Geschmackszutaten verrühren, dann Öl zugeben. So bleiben alle grünen Salate knackig.

Öl hat 9 Kalorien pro Gramm (1 EL Öl sind ca. 10 g). Es gibt kein Öl, das leichter oder weniger fett ist als ein anderes.

Öl hält sich am besten bei einer Temperatur zwischen 6 und 18 Grad Celsius.

Öl in Glasflaschen im Dunkeln lagern. Nie in den Kühlschrank stellen, es kann eindicken oder »flockig« werden.

Öl bleibt lange frisch, wenn der Behälter nach jedem Gebrauch wieder sorgfältig verschlossen wird.

Öl ist dünnflüssig. Deswegen vermischt es sich so gut mit anderen Zutaten (auch im Backteig).

Öl spritzt auch bei großer Hitze nicht.

Wichtige Ölsorten

Olivenöl

Die Europäische Gemeinschaft hat in einer gemeinsamen Marktordnung die Richtung für die offizielle Klassifizierung von Olivenöl vorgegeben. Dabei werden die Ölsorten wie folgt unterschieden:

Naturreines Olivenöl
Diese Bezeichnung ist dem Öl vorbehalten, das nur durch me-

chanische Verfahren (einschließlich der Pressung) und ohne chemische Behandlung gewonnen wurde. Unter die naturreinen Olivenöle fallen:

a) Olivenöl Extra – kaltgepreßt (olio extra vergine/huile extra vierge): Ein Olivenöl von einwandfreiem Geschmack, der Gehalt an Ölsäuren darf höchstens 1 % betragen.
b) Olivenöl Fein – kaltgepreßt (olio sopraffino vergine): Ein Olivenöl, das den Bedingungen des Olivenöls Extra entspricht, jedoch darf der Gehalt an Ölsäuren bis zu 1,5 % betragen.
c) Olivenöl Mittelfein – kaltgepreßt (olio vergine): Olivenöl von gutem Geschmack, der Gehalt an Ölsäuren darf bis zu 3,3 % betragen.

Raffiniertes Olivenöl
Auch raffiniertes reines Olivenöl genannt. Es wird durch Raffinieren von naturreinem Olivenöl gewonnen. Die biologischen Qualitäten bleiben erhalten, aber ohne spezifischen Geruch oder Geschmack.

Reines Olivenöl
Auch Mild oder Rivieratyp genannt. Verschnitt von naturreinem und raffiniertem Olivenöl mit sehr schwachem Aroma.

Olivenöl enthält 11,5 – 15,5 % gesättigte, 73 – 80 % einfach ungesättigte und 6 – 10 % mehrfach ungesättigte Fettsäuren, dazu die Vitamine A und E sowie wichtige Mineralstoffe.

Fragt Sie in den Abruzzen ein Kellner, ob er Ihnen den Salat mit »olio santo« anmachen solle, probieren Sie erst einen Fingerdip von diesem Öl mit der Zungenspitze. Es handelt sich nämlich nicht um »heiliges Öl«, das für kirchliche Zwecke gebraucht wird, sondern um gutes Olivenöl, in das für einige

Tage höllisch scharfe, gehackte Peperoncini eingelegt wurden. Von der Dauer des Ölbades der Pfefferschoten hängt es ab, wann Ihre Zungenspitze wieder gebrauchsfähig sein wird.

Fußballtrainer und Sportärzte sagen, daß eine leichte Massage mit Olivenöl das beste Mittel gegen Muskelkater sei. Es muß was dran sein, denn das Rezept existiert seit den ersten Olympischen Spielen des Altertums.

Kürbiskernöl

Es gehört so sicher zum Steiermärker wie das Amen in der Kirche. Die Qualität des Kürbis und damit Geschmack und Beschaffenheit des einwandfreien, tiefgrünen Öls gehören mit zu seiner Lebensphilosophie. In der südlichen Steiermark herrschen optimale Wachstumsbedingungen für die Entwicklung von Kürbissen vor – warmes, fast mediterranes Klima mit der richtigen Ausgewogenheit an Feuchtigkeit und lehmigem Sandboden.

Rapsöl

Dieses wertvolle heimische Pflanzenöl eignet sich für den vielfältigen Einsatz sowohl in der kalten als auch warmen Küche. Aufgrund seiner besonderen Zusammensetzung verträgt es auch hohe Temperaturen und glänzt zudem bei sachgemäßer Lagerung mit langer Haltbarkeit. Sein hoher Anteil an einfach ungesättigten Fettsäuren sowie sein natürlicher Vitamin-E-Gehalt tragen zu seinem guten Ruf bei.

Kräuter

»Wer ohne Kräuter kocht, kann gleich bei Wasser und Brot bleiben.«

(O. E. Basil)

Buntes Kräuter-Allerlei

Grüne Sauce (»Gree Soos«): Die schon von Goethe hochgeschätzte Frankfurter Grüne Sauce wird traditionell zu gekochtem Rindfleisch mit Pellkartoffeln gegessen. Zu ihrer Herstellung braucht man außer hartgekochten Eiern eine Menge anderer Zutaten. Am wichtigsten sind die frischen, feingehackten Kräuter – Schnittlauch, glatte Petersilie, Kresse, Kerbel, Boretsch, Sauerampfer, Pimpinelle, Basilikum, Dill, Estragon, Zitronenmelisse, Liebstöckel. Die Sauce schmeckt auch zu Fisch, kaltem Geflügel und hartgekochten Eiern.

Kräutersträuße, die zum Trocknen aufgehängt sind, sehen zweifellos dekorativ aus. Schneller und aromaschonender aber geht das Trocknen von Kräutern in der Mikrowelle oder im Backofen bei 75 Grad.

Ich bin zwar bei Küchenlöffeln mehr für Holz als für Plastik, aber zum Schneiden und Hacken von frischen Kräutern habe ich ein Plastikbrett. Holz saugt den wertvollen Kräutersaft auf.

Frisch geerntete Kräuter übertreffen getrocknete an Wirkung und Wohlgeschmack meistens.

Kräuter am besten gar nicht oder nur kurz mit Wasser waschen; das Aroma bleibt besser erhalten.

Ob vor, nach oder während der Blüte, Würz- und Teekräuter lassen sich immer verwenden. Manche sogar im Winter (z. B. Thymian, Salbei, Rosmarin).

Krause Petersilie eignet sich hervorragend zum Fritieren. Die Zubereitung geht sehr schnell: Nach dem Waschen gut abtrocknen, von den gröberen Stengeln befreien und auf den Einsatz der Fritüre legen. Nicht früher als unbedingt nötig macht man das Backfett rauchend heiß, gibt die Petersilie hinein, läßt sie nur einen Augenblick backen, hebt sie heraus und gibt sie, sobald sie abgetropft ist, auf Küchenkrepp oder ein

Tuch, um das Fett fast vollständig zu entfernen. Dann stäubt man etwas feines Salz darüber und verwendet sie sofort. Gebackene Petersilie ist eine knusprige Delikatesse!

Jetzt habe ich schon wieder die Petersilie in kaltem Wasser gewaschen. Dabei weiß ich genau, daß sich Petersilienaroma erheblich steigert, wenn man die Blätter lauwarm abspült.

Kerbel ist ein Solist, dessen feiner Geschmack von anderen Kräutern zerstört wird. Petersilie und Schnittlauch zusammen ist nicht stimmig, ebensowenig Salbei und Basilikum. Majoran ist ein Single, der nichts anderes neben sich duldet. Rosmarin und Liebstöckel zusammen – nein! Rosmarin und Knoblauch – erstklassig! Oregano und Kümmel – gräßlich.

Ein kleiner Trick, um aus getrockneten Kräutern die höchste Aromakraft herauszuholen: immer zwischen den Fingern zerreiben, bevor man sie an die Speisen gibt.

Glatte Petersilie ist ein Wiederbelebungsmittel für getrocknete Kräuter. Gleiche Mengen frisch gehackter Petersilie mit getrocknetem Dill, Majoran, Basilikum oder Rosmarin vermischen, in ein verschließbares Glas geben und einige Stunden wirken lassen. Die Kräuter duften dann wie frisch.

Manchmal muß der Wermutstropfen sein. Bei Saucen oder Fruchtsalaten z. B., die sonst zu fade oder zu süß schmecken. Das griechische Wort »absinthion« – so heißt der Wermutstrauch botanisch – bedeutet schlichtweg »Mißvergnügen«, aber in vorsichtiger Dosierung bewirkt er geschmacklich das Gegenteil. Und daß Bitterstoffe bekömmlich sind, weiß man inzwischen auch.

Gott sei Dank gibt es noch Geheimnisse wie die vegetativen Düfte, die uns so tief bewegen können – die sommerlichen Nächte, in denen die Blüten des Jelängerjelieber mit tropischen Aromen Falter anlocken, vermischt mit der Strenge blühenden Salbeis, der Geruch frisch gemähter Wiesen, die bittere Nachtschattenessenz der Tomatenpflanzen und die vielen pflanzlichen Wesen, die ihre Narkotika erst aussenden, wenn wir sie berühren oder ihre Blätter reiben: der Thymian, der Wacholder, Liebstöckel, Rosmarin, die Eberraute und der Wermut. Welch ein Genuß!

Seit ich's kürzlich bei Freunden in Sachsen-Anhalt probierte, mach ich mir Bärlauchbrot. Der Grünteil der knoblauchduftenden Wildpflanze wird gehackt aufs Butterbrot gestreut. Ein Luxus, weil es Bärlauch kaum zu kaufen gibt. In Laubwäldern wächst er oft in Massen.

Prinzipiell gehören frische Kräuter erst zum Schluß an die Speisen, während getrocknete mitgekocht werden. Ausnahmen: Gefriergetrocknete Kräuter wie Dill und Petersilie, die werden wie frische behandelt. Bei dieser Gelegenheit: Salbei gibt sein Aroma in heißem Fett frei, es nützt nichts, ihn frisch erst zum Schluß beizufügen.

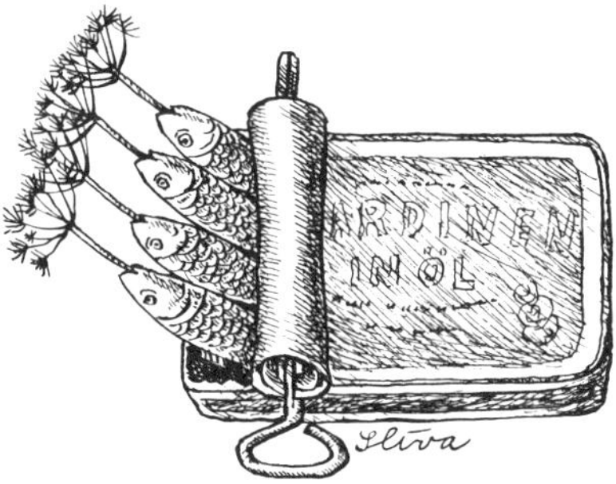

Kleiner Kräutergarten

Asant *(bot. Ferula asa-foetida)*

In Persien, wo sie (wie der Liebstöckel) heimisch ist, wird die Pflanze nach ca. 5 Jahren im Hochsommer dicht über dem Boden abgeschnitten. Das dann austretende Harz wird getrocknet und als Gewürz verwendet. Die echte Worcestersauce enthält Auszüge davon. Junge Schosse und die Wurzel lassen sich ebenfalls verwenden und haben einen kühlenden, würzigen Geschmack.

Austernpflanze *(bot. Mertensia maritima)*

Sozusagen die edlere Verwandte des Borretsch: blaugrün bereifte, glatte, sukkulente, sehr zarte Blätter und Stiele haben einen ungewöhnlichen und delikaten Geschmack nach Austern mit einem Unterton von Champignons und Borretsch. Paßt gut zu frischen Salaten, aufs Brot und zu Rohkost.

Basilikum *(engl. basil/franz. basilic commun)*

»Basilikum – wirft Jungfraun um.«
(Altes Sprichwort)

Als frisches Würzkraut gehört Basilikum zu Salaten, Fisch und Gemüsen der südeuropäischen Küche. Basilikum harmoniert mit Pfeffer, Knoblauch, Zwiebeln, Rosmarin, Salbei, Estragon und Dill. Nicht mitkochen. Getrocknetes oder tiefgefrorenes Basilikum ist fader als frisches. Die an der Pflanze getrockneten und zerriebenen Blüten haben einen lavendelartigen Geschmack und passen besonders gut zu Fischsuppe.
Blumentöpfe mit Basilikum stehen bei mir in der Küche

überall herum. Nicht nur als Vorrat zum Würzen, sondern auch weil Mücken und Fliegen den Duft von Basilikum meiden.

Beifuß *(mugwort/armoise)*

Gehört zur Familie der Wermutspflanzen und durchaus nicht nur zum Gänsebraten. Beifuß schmeckt leicht bitter und ist daher ein nützliches Kontrastgewürz für alle fetten Fleischspeisen. Getrocknet sind die Blütenknospen – nur die werden zum Würzen verwendet – jahrelang haltbar.

Bohnenkraut *(savory/sarriette)*

Je nach Sorte von mildem bis zu pfefferartigem, scharfem Geschmack. Am schärfsten ist weißblühendes Bohnenkraut. Alle Bohnengerichte, aber auch Erbsen und Pilze profitieren von einer sparsamen Verwendung. Getrocknet oder frisch verwendbar.

Borretsch *(borage/bourrache)*

Das behaarte Blatt und die blauen Blüten haben einen Geschmack zwischen Gurke und Zwiebel. Schmeckt zu grünem und Gurkensalat, Pilzgerichten, Tomaten- und Rahmsaucen. Nur frisch verwenden.
Mir schmecken Blüten und Blätter zum gekochten Fisch ebenso wie in grünen Saucen, an jungem, blättrig geschnittenem Kohlrabi, an Kartoffelsalat, Kräuterbutter oder – einfach feingehackt auf Butterbrot.

Dill *(dill/aneth)*

Vom Dill lassen sich Stengel, Blatt, Blüte und Samen verwenden. Der Samen schmeckt allerdings eher nach Kümmel. Dill ist frisch, getrocknet oder tiefgefroren verwendbar. Paßt zu Aal, Krebsen und Krabben wie auch zu Salaten, Mayonnaisen, jungen Kartoffeln, Gurken (geschmort oder eingelegt) und vielen süß-sauren Fleisch- und Fischsalaten der skandinavischen Küche. Graved Lachs läßt sich ohne Dill nicht präparieren. Joghurt mit zerkleinertem Eis, Gurke und viel Dill ist eine Sommer-Delikatesse.

Duftgeranien

Die meisten Duftgeranien – richtiger hieße es wohl Duftpelargonien – kommen ursprünglich aus den Küstenregionen Südafrikas. Sie waren im 18. und 19. Jahrhundert äußerst beliebt, vor allem im englischen Sprachraum. Generationen von Züchtern haben im Laufe der Zeit Pflanzen nach Duftqualitäten selektiert, so daß es heutzutage eine unübersehbare Vielfalt an duftenden Pelargonien gibt. Das »Naturparfüm« entfaltet sich beim Reiben der Blätter zwischen den Fingern – es sind typische Blattdufter. Die Blätter lassen sich in der Küche zum Aromatisieren von Pudding, Gelee, Konfitüre, Sirup, Tee, Bowle und Keksen verwenden.

Estragon *(tarragon/estragon)*

Ein sehr aromatisches Kraut, das mit dem Wermut verwandt ist. Französischer Estragon wird verwendet für Sauce béarnaise und hollandaise, Poulet à l'estragon, Kräuterbutter, Suppen, Fischgerichte und Salate. Frisch, als getrocknete Blätter oder in Pulverform erhältlich.

Für die Verwendung von Estragon in der Küche kommt nur die aromatisch duftende französische Sorte in Frage. Die Pflanze läßt sich ausschließlich durch Wurzelteilung vermehren, da sie nur sehr selten blüht. In den normalen Samentütchen befindet sich Samen von russischem Estragon. Und der lohnt die Aussaat nicht.

Fenchel *(fennel/fenouil)*

Zum Würzen verwendet man das frische Grün oder den getrockneten Samen. Mit dem Samen wird Brot gewürzt. Siehe auch Kapitel Gemüse.

Kardamom *(bot. Elettaria cardamomum)*

Wird fälschlicherweise oft Zimtpflanze genannt. Echter Zimt ist jedoch ein tropischer Baum, während Kardamom eine Staude mit großen, maiglöckchenähnlichen Blättern ist. Auch wenn diese indische Waldpflanze hier kaum zur Blüte und zum Fruchten kommt (Kardamomkörner): Auch die Blätter sind sehr aromatisch, sie werden kleingeschnitten oder ganz mitgekocht für indische Reisgerichte gebraucht. Auch in Teemischungen (z. B. »Jai«) sehr angenehm. Der Geschmack hat etwas von Zimt und Ingwer. Siehe auch Kapitel Gewürze.

Kerbel *(chervil/cerfeuil)*

Frisches Kerbelkraut gibt eine vorzügliche Suppe. Getrocknet schmeckt Kerbel fade. Das Kraut paßt am besten zu Kartoffel- und Tomatensuppe, gegrilltem Fisch oder jungem Spinat. Alle intensiv schmeckenden Kräuter dann nicht verwenden. Seitdem ich Kerbel als frisches Würzkraut entdeckt habe, ziehe ich mir dieses aparte Gewürz aus Samenkörnern im Blumentopf.

Lavendel *(lavender/lavande)*

Dem Rosmarin im Geschmack ähnlich. Entweder junge Blatttriebe oder getrocknete Blätter zerrieben verwenden. Paßt zu Hammelbraten, Fischsuppe oder Kräutersaucen.. Getrocknet lange haltbar.

Liebstöckel *(lovage/livèche)*

Liebstöckel wird oft Maggikraut genannt, denn er schmeckt wie diese Suppenwürze. Die frischen Blätter eignen sich überall dort, wo Suppenwürze verwendet wird, aber auch für grünen Salat. Die getrockneten Blätter verlieren nach sechs Monaten ihren Geschmack, aber Liebstöckel läßt sich in ganzen Stengeln gut einfrieren (ein Jahr haltbar).

Majoran *(sweet marjoram/marjolaine)*

Verwandter des wilden Oregano und des Thymians. Dennoch sollte man ihn wegen seines kräftigen, derben Geschmacks getrocknet nicht anstelle der beiden anderen verwenden. Majoran ist unentbehrlich für Hülsenfrüchte, Hammeleintopf, Schweinegulasch, Leberwurst, Schmalz und viele Füllungen von Gänsen.

Minze *(mint/menthe poivrée)*

Zum Würzen nur frische Blätter verwenden, zum Beispiel für Mintsauce, aber auch für Tomatensauce zu Fleischgerichten. Ein ganzer Stengel zu gedünstetem Seefisch und zu sommerlichen Longdrinks von Pimm's No. 1 bis zum Planter's Punch.

Oregano *(wild marjoram/marjolaine sauvage)*

Anders als bei seinem zivilisierten Nachbarn, dem Majoran, schmecken die getrockneten Blätter und Blüten des Oregano wilder, bitterer. Vor allem zu Tomatensaucen, Pizza, Auberginen- und Paprikagemüse. Getrockneter Oregano behält sein Aroma im dunklen Glas etwa ein Jahr.

Pericon *(bot. Tagetes lucida)*

Gibt es nur im Eigenanbau (Winterestragon, Sweet Marigold). Aztekisches Würz- und Heilkraut (aztek. »yauhtli«) mit vielfältigen Anwendungen, z. B. zur Verfeinerung eines kakaohaltigen Getränks (aztek. »cacauatl«). Das süße Aroma ist eine Mischung von Anis und Waldmeister. Köstlich für Tee, vor allem wenn etwas angewelkt oder getrocknet. Zarte Triebspitzen können wie Estragon gebraucht werden. Schöne, leuchtend orange Blüten erscheinen relativ spät im Jahr, aufrechtes Wachstum. Neue Triebe kommen aus dem Wurzelstock. Kann jederzeit, auch sehr tief zurückgeschnitten werden, um zartes Laub zu ernten.

Petersilie *(parsley/persil)*

Petersilie gehört an so viele Speisen, daß man sie nicht aufzählen kann. Auch die Wurzel ist als Schmorbeigabe, als Gemüse und zu Bouillon unentbehrlich. Glattblättrige Petersilie ist aromatischer als krause. Die stets frisch gehackten Blätter sollten nicht mitgekocht werden. Getrocknet schmeckt Petersilie mittelmäßig, tiefgefroren etwas besser.

Petersilie, in der Nähe oder zusammen mit Äpfeln oder Tomaten aufbewahrt, fault und vergilbt schneller.

Pimpinelle *(little burnet/pimprenelle)*

Der leicht nußartige Geschmack der grünen Blätter gehört zur »Frankfurter Grünen Sauce«, an Gurkengemüse, Tomatensalat, Rührei und Kräuterbutter (wahlweise statt Petersilie). Wird im Handel selten angeboten. Konservierung ist nicht möglich. Bei Eigenanbau anspruchslos.

Portulak *(purslane/pourpier)*

Portulak ist eine vitaminreiche Gewürzpflanze, die schon die Pharaonen kannten. Für frische Salate, zu Kräuterquark, Frühlingssuppen und Tomatensuppe ist dieses leicht salzig schmeckende und erfrischende Zierkraut sehr nützlich. Man darf es aber nicht mitkochen. Es ist im Handel kaum erhältlich, obgleich in vielen Gärten wegen der gelben und weißen Blüten als Zierpflanze gehalten.

Rosmarin *(rosemary/romarin)*

Die nadelartigen Blätter schmecken frisch pikanter als getrocknet. Beim Trocknen werden sie leicht harzig. Heute gibt es fast das ganze Jahr frischen Rosmarin (auch in Töpfen) zu kaufen, denn er ist unentbehrlich bei gebratenen Hähnchen, in Tomatengerichten, zu im Ofen gebackenem Fisch, zu Lammbraten und zu Pilzen. Thymian, Oregano, Knoblauch und Petersilie vertragen sich gut mit diesem Gewürz. Wer Rosmarin mag, sollte Öl als Bratfett verwenden. Zur Konservierung die Nadeln zerkleinern und dunkel aufheben. Getrockneter Rosmarin läßt sich gut durch die Pfeffermühle mahlen, wenn man die Nadeln im Essen vermeiden möchte.

Salbei *(sage/sauge)*

Die lanzettförmigen, behaarten Blätter passen zu Leber, Lamm- und Schweinebraten, Saltimbocca (Kalbsschnitzel mit Schinken und Salbei gefüllt). Möglichst frische Blätter verwenden. Die getrockneten schmecken strenger.

Sauerampfer *(sorrel/oseille)*

Die moderne Küche hat den Sauerampfer neu entdeckt. Da sich seine Blätter nicht zum Trocknen eignen, verwendet man von März bis September die frischen Blätter (wild nur von März bis Juni). Aus Sauerampfer läßt sich eine schmackhafte Suppe machen. Aber auch Sauce hollandaise, Fisch, kleine Salate und alle grünen Saucen werden mit Sauerampfer pikant. Nicht mit Essig zusammenbringen.

Schnittlauch *(chive/ciboulette)*

Der aus Europa stammende Schnittlauch ist ein Mitglied der Familie der Zwiebeln. Die feinen hohlen Stengel werden frisch gehackt in Suppen, Rühreier, Omeletts, Salate und Vorspeisen gegeben.

Thymian *(thyme/thym)*

Mit den gehackten frischen oder getrockneten Blättern würzt man alle Fleischspeisen, die auf Rotweinbasis zubereitet werden. Wild, Leber, Tomaten, Auberginen, aber auch Pilze und Kaninchen vertragen Thymian gut. In dunklen Gläsern bleibt er gerebelt lange aromatisch.
Ebenso läßt sich sein Artgenosse verwenden, der *Quendel* oder Feldthymian, der breitere Blätter hat. Ich gebe ihn besonders gern an fette Gerichte. Quendel wächst wild an sonnigen, trockenen Standorten. Sein warmer Duft erinnert an eine im Ofen brutzelnde Gans oder Pute.
Für eine Thymianmayonnaise wird 1 hartgekochtes Ei mit 1 Becher saurer Sahne, 1 EL Sonnenblumenöl, einem Spritzer Essig, Salz, Petersilie und 1 EL gehacktem Gartenthymian zerdrückt oder püriert. Die Thymianmayonnaise läßt sich vielfältig verwenden: für Salate, kalte Platten, Füllungen …

Weinraute *(common rue/rutacée)*

wurde früher in Bauerngärten gegen den bösen Blick gepflanzt. Die gefiederten Blätter schmecken herb-aromatisch. Gehackt an Salate, Saucen, Kräuterquark.

Ysop *(hyssop/hysope)*

Die schmalen Blätter dieses immergrünen Halbstrauches haben einen minzeartigen, leicht bitteren Geschmack. Dieses alte Würzkraut hat mich nie enttäuscht; bei vielen Kartoffelgerichten, in Gratins, auf Rohkostplatten, vor allem mit Tomaten, Gurken und Kohlrabi. Aber auch als pikanter Aromaspender bei Quarkspeisen, Dips und Füllungen für Omeletts und als Abrundung zu Kartoffelsalat, zu Rinderbraten und Fleischsuppen. Feingehackt und vorsichtig dosiert ein interessanter Akzent auf Pfirsich- und Aprikosenkuchen.

Zitronenmelisse *(balm/citronnelle)*

Die grünen Melisseblättchen, die intensiv nach Zitrone duften, sehen wie kleine Brennesseln aus. Frischen Salaten geben sie einen besonderen Geschmack. Auch gebratener oder gesottener Fisch läßt sich mit ihnen abrunden. Zitronenmelisse läßt sich weder trocknen noch einfrieren. Im Sommer gibt ein Aufguß von Zitronenmelisse und schwarzem Tee plus etwas Orangensaft ein vorzügliches Kaltgetränk.

Gewürze

»Falsche Gewürze tun ebenso weh wie falsche Töne.«
(Gioacchino Rossini)

Auf dem Gewürzbord

Anis *(anise/anis)*

Von der Pflanze werden nur die fünf Millimeter langen, stark aromatischen Samenkörner zum Würzen verwendet. Außer beim Backen gibt Anis sowohl Desserts als auch grünen Salaten einen interessanten Beigeschmack.

Cayennepfeffer *(chili powder/cayenne)*

Am schärfsten ist der rote Cayennepfeffer, auch Teufelspfeffer genannt. Er wird aus getrockneten Chilischoten bereitet und ist zwanzigmal so scharf wie Paprika. Nur ihn allein darf man von allen Pfeffern gemahlen kaufen. Cayennepfeffer gebe ich immer erst kurz vor dem Servieren an ein Gericht, denn beim Erhitzen wird er leicht bitter.

Chili *(chili pepper/piment fort)*

Chilischoten gibt es in unendlich vielen Größen, Formen, Farben und Geschmacksrichtungen: kleine, große, längliche, orangefarbene, schwarze, rote, grüne, beißend scharfe, milde und süßliche. Wenn man scharfe Chilischoten verarbeitet, sollte man Gummihandschuhe tragen und keinesfalls Lippen oder Augen berühren. Es empfiehlt sich, die Chilischoten nach dem Putzen etwa eine Stunde in kaltes Salzwasser zu legen. Sie sind dann etwas weniger – aber immer noch genügend – scharf. Alle Chiliarten enthalten reichlich Vitamine.

Chutneys

sind kalte süß-saure dicke Saucen mit Fruchtstücken.

Apfel-Chutney: Dieses Chutney wird aus Kochäpfeln hergestellt und kann süß-sauer oder pikant geschärft sein. Ähnliche Chutneys können aus grünen Tomaten, Stachelbeeren oder Birnen gefertigt werden. Sie werden alle zu kaltem Fleisch serviert.

Koriander-Chutney: Mit grünen Chilis, Joghurt und Gewürzen

zerstoßene frische Korianderblätter ergeben dieses leicht saure Chutney, das zu gekochtem Fisch, Fleisch oder Gemüse gereicht wird.

Mango-Chutney: Wohl das bekannteste indische Chutney; es kann scharf oder mild sein und wird gewöhnlich zu Currygerichten gegessen.

Tomaten-Chutney: Entweder aus roten oder grünen Tomaten, wird mit Ingwer, Zucker und Essig gekocht.

Cumberlandsauce

Gibt es als Fertigprodukt im Handel, Selbermachen ist kompliziert. Cumberlandsauce besteht aus rotem Johannisbeergelee, Portwein, Orangensaft, Ingwerpulver und Cayennepfeffer mit einer Einlage von Schalotten und feinsten Streifen aus Orangen- und Zitronenschale. Schmeckt am besten zu Pasteten, Terrinen und Wildbraten.

Cumin

Siehe Kreuzkümmel.

Currypulver *(curry powder/poudre de cari)*

Eine Mischung aus zwölf bis über dreißig Einzelgewürzen. Immer dabei sind: Kurkuma (auch Gelbwurz genannt), Kardamom, Pfeffer, Nelken, Bockshornklee, Muskat, Ingwer, Koriander, Senfsamen, Kreuzkümmel. Alle Hersteller von Currypulver halten ihre Mischung geheim. Für die Verwendung von Curry gibt es sogar ein medizinisches Argument: Er reinigt die Eingeweide. Die in ihm enthaltenen Desinfektionsstoffe werden unter anderen Namen als Tees oder Pillen in den Apotheken verkauft.

Essig *(vinegar/vinaigre)*

Siehe Kapitel *Essig und Öl.*

Ingwer *(ginger/gingembre)*

Ingwer gibt es frisch als Wurzel sowie getrocknet und pulverisiert als Gewürz. Ingwer ist eigensinnig. Er verträgt sich schlecht mit unseren heimischen Gewürzen. Ich gebe ihn gerne an Stachelbeermarmelade. Ansonsten bleibt er Chutneys und asiatischen Gerichten vorbehalten. Frisch ist Ingwer besonders intensiv. Nur für chinesische, orientalische und südasiatische Gerichte oder behutsam dosiert zur Hühnerbrühe verwenden.
Wenn ich eine frische Ingwerwurzel nicht ganz aufgebraucht habe, schneide ich den Rest der geputzten Wurzel in Scheibchen oder hacke sie fein, fülle sie in ein Schraubglas und gieße trockenen Sherry oder Wodka drüber. So hält sich der Inhalt im Kühlschrank monatelang frisch.

Kapern *(caper/câpre)*

Kapern sind die eingelegten Blütenknospen des Kapernstrauchs, der in Südeuropa zu Hause ist. Sie werden vom internationalen Handel der Größe nach säuberlich in fünf Klassen sortiert. In letzter Zeit kommen in Delikatessenläden immer mehr die Riesenkapern in Mode. Sie haben den fadesten Geschmack, auch wenn sie beinahe den Umfang von Oliven erreichen. Die kleinsten sind die feinsten. Sie heißen »Nonpareille« und kommen aus der Umgebung von Nizza, wo ab

April die helligkeitsempfindlichen Knospen vor Sonnenaufgang von Hand gepflückt werden. Mit Sud bedeckt und vor Licht geschützt, halten sie sich unbegrenzt. Kapern passen zu Kochfisch, Klopsen und weißer Sauce, Fischsalaten, Hühner- und Kalbsfrikassee, Beef Tatar. Aus den Fruchtständen der Kapuzinerkresse werden sogenannte falsche Kapern eingemacht.

Kardamom *(cardamom/cardamome)*

Gewürz aus Südasien. In den dreikantigen Kapselfrüchten des Kardamomstrauches sitzen kleine, braune Samenkörner, die ein ätherisches Öl enthalten. Diese Körner werden zu rötlichgrauem Pulver vermahlen, das aber so teuer ist, daß meistens die hellen Fruchtschalen mitgemahlen werden. Kardamom wird vorwiegend zum Würzen von Gebäck (z. B. Spekulatius) und Wurst (Tee- und Schinkenwurst) verwendet und ist Bestandteil des Currypulvers. Geeiste Melone gewinnt mit einer Prise Kardamom sehr an Geschmack.

Knoblauch *(garlic/ail)*

Je nach Sorte kann Knoblauch mild und süß oder scharf und brennend schmecken. Knoblauch ist sehr gesund, vor allem

senkt er den Blutdruck und wird noch heute in vielen Ländern als Mittel gegen Bronchitis gegeben. Gekochter Knoblauch ist milder als roher. Wer den Geschmack liebt, kann dem bereits gekochten noch rohen Knoblauch zufügen.
Knoblauch heißt auf englisch »garlic«, auf spanisch »ajo«, auf französisch »ail«, auf italienisch »aglio«, auf Hindi »lasan«, auf birmanisch »chyetthonphew«, auf indonesisch »bawang puti«. Nur in Kashmir hat er keinen Namen – die Brahmanen verbieten ihn, weil er angeblich niedrige Instinkte weckt.

Koriander *(coriander/coriandre)*

Auf meinem Gewürzbord steht Koriander stets griffbereit. Er ist unentbehrlich, denn er hat einen so ausgeprägten Eigengeschmack, daß man ihn nicht »statt« eines anderen Gewürzes nimmt, sondern ihn ganz präzise einsetzt. Ätherische Öle und Coriandrol geben Koriander seinen unverwechselbaren Geschmack. Nur der kugelförmige, getrocknete und sehr haltbare Samen wird verwendet: ungemahlen beim Brotbacken, gemahlen zum Würzen von Schweinefleisch, Kalbsherz, Schinken, Wurst, gekochtem Sellerie, Kohlspeisen und zusammen mit Majoran in Erbsensuppen. Auch rote Bete, Birnenkompott, Apfelmus und Apfelkuchen profitieren von Koriander.

Kreuzkümmel *(cumin/cumin aux anis)*

Beim Kreuzkümmel oder Cumin handelt es sich um den seit Jahrhunderten bekannten Samen einer einjährigen Pflanze aus Mittelasien. Er ist in Farbe und Form dem normalen Kümmel ähnlich, schmeckt aber völlig anders. Wird hauptsächlich in der orientalischen, indischen und chinesischen Küche verwendet und ist auch bei vielen karibischen Fischgerichten eine wichtige Zutat.

Kümmel *(caraway/carvi oder cumin des prés)*

paßt zu Weißkohl, Sauerkraut, Schweinebraten, Gulaschsuppe und vielen anderen Gerichten. Gemahlen und mit Salz und Thymian vermischt zum Einreiben von Bratenten. Ein Kümmelbrötchen oder ein paar zerkaute Körner sind ein gutes Antikatermittel.

Kurkuma *(turmeric/curcuma, safran des Indes)*

Auch als Gelbwurz bekannt, weil man zum Würzen nur die intensiv gelben, getrockneten, gemahlenen Wurzeln verwendet. Der Geschmack ist leicht säuerlich, scharf und herb, dem Ingwer entfernt ähnlich. Kurkuma paßt überall da, wo Curry zu scharf wäre: zu Wildgeflügel, Leber, Eierspeisen, aber auch zu Krabben und anderen Krustentieren. In dunklen Gläsern lange haltbar.

Lorbeerblatt *(bay/laurier)*

Die getrockneten Blätter des Lorbeerstrauchs sind milder als die frischen. Verwendung: Bouillons, Kalbsfrikassee, Kochfisch-Sud, Beize für Wild- und Sauerbraten, Ossobuco, Rinderschmorbraten, Rhabarberkompott.

Meerrettich *(horseradish/raifort)*

Der Wurzelstock einer Kreuzblütlerstaude enthält ätherische Öle, die seine beliebte Schärfe bedingen. Kocht man Meerrettich, verliert er fast jeden Geschmack. Für jede Form der Verwendung immer frisch reiben. Meerrettich neigt dazu, an der Luft durch Oxidation braun zu werden. Ein paar Tropfen Zitronensaft über das Geriebene hält den Meerrettich weiß. Geriebenen Meerrettich möglichst rasch verbrauchen. Die Wurzel sollte man nur in den Monaten des Jahres mit R kaufen.

Muskatblüte *(mace/macis)*

Muskatblüte ist der getrocknete Samenmantel der Muskatnuß. Sie ist also keine Blüte im botanischen Sinn. Ihr Geschmack ist feiner und intensiver als der der Nuß. Im Handel ist Muskatblüte teurer als die Nuß. Sie behält beim Kochen den Muskatgeschmack.

Muskatnuß *(nutmeg/muscade)*

Die Muskatnuß kommt vor allem von der karibischen Insel Grenada zu uns. Als frisch geriebene Gewürzprise veredelt sie viele Speisen wie Kartoffelpüree, Bouillon, Blumenkohl, Grünkohl usw. Anders als die Muskatblüte (Macis) verliert die Muskatnuß beim Mitkochen viel Aroma. Die frisch geriebene Prise von der Nuß streue ich daher immer erst im letzten Moment über diverse Speisen, wie z. B. Kartoffelpüree, Bouillon oder Blumenkohl.

Nelken *(cloves/clous de girofle)*

Getrocknete Blütenknospen des 10–12 m hohen Gewürznelkenbaums, eines immergrünen Ebenholzgewächses. Die nagelförmigen, rötlich-braunen Knospen duften wie Gartennelken und schmecken brennend scharf. Gewürznelken werden ungemahlen zum Würzen von süß-sauer eingelegtem Obst und Gemüse sowie zu Fleisch- und Fischmarinaden, gemahlen zum Würzen von Saucen, Wurst, Fleisch- und Fischgerichten, Lebkuchen und anderem verwendet.

Eine etwas ausgefallenere Verwendung habe ich entdeckt: Ich spicke eine Zwiebel mit 8 Nelken und lasse sie wie bei Rotkohl in der Rindfleischsuppe mitköcheln, die dadurch ein angenehmes, originelles Aroma erhält.

Paprika *(pod pepper/paprika, poivre d'Espagne)*

Paprika kann man als Gewürz nur gemahlen verwenden. Das vitaminhaltige feurige Pulver wird nicht aus der großen roten Gemüsepaprikaschote, sondern aus der kleineren Gewürzpaprika hergestellt. Die milden Sorten sind in lichtundurchlässigen Gefäßen sechs Monate, die scharfen höchstens acht Monate haltbar. Das Gewürz verträgt sich am besten mit Kümmel und Majoran.
Paprikapulver nicht ins siedendheiße Fett geben. Es enthält Zucker, der leicht karamelisiert und dann bitter wird. Vor der Paprikazugabe also das jeweilige Gericht mit Wein oder Wasser ablöschen. Da man Paprika, zumindest die milderen, halb- oder edelsüßen Sorten, teelöffelweise dosiert, erreicht man mit dem Würzen auch eine natürliche Bindung von Saucen oder Suppen.

Pfeffer *(pepper/poivre)*

Pfeffer hat viele Farben: vom hellen Grau bis zum tiefen Schwarz, vom zarten Grün bis zum grellen Rot, von Braun bis Gelb. Die schwarzen Pfefferkörner kommen aus Malabar, Lampong, Java, Alepi und Singapur, die weißen aus Muntok, Sarawak und Siam. Unreif, also noch grün, müssen jene Beeren sein,

die als grüner Pfeffer getrocknet oder in eine Lake gelegt in Dosen und Gläsern verkauft werden.
Weißer Pfeffer entsteht aus den vollreifen, leuchtend roten Beeren, deren Fruchtfleisch entfernt wird. Je härter und schwerer, desto wertvoller ist das weiße Korn. Der schärfere schwarze Pfeffer wird aus den unreifen grünen Beeren gewonnen; man läßt sie trocknen, schichtet sie dann übereinander und überläßt sie einem natürlichen Fermentationsprozeß. Das heißt: Sie faulen einfach vor sich hin. Pfeffer immer nur frisch gemahlen oder gemörsert benutzen.

Piment *(allspice/toute-épice)*

Die Pimentbeere, im Reifezustand purpurrot, kommt nur als dunkelbraune, getrocknete, runde Beere zu uns. Ihr Geruch ähnelt einer Gewürzmischung aus Zimt, Muskat und Nelke. Bei uns wird Piment deshalb auch Nelkenpfeffer genannt. Bei Bedarf an Pimentpulver die notwendige Menge frisch im Mörser zerstoßen. Pimentpulver benutzt man für Lebkuchen, Pasteten, Suppen, Saucen und Fleischgerichte, für die Wurstherstellung ist es unentbehrlich. Ganze Beeren verwendet man zum Einlegen von Bratheringen. Der milde Nelkenpfeffer paßt auch prima zu Wildgerichten, ins Hackfleisch oder in Ragouts aller Art.
Piment war gemeint, als der Waldbauernbub Peter Rosegger in seiner Geschichte »Als ich die Christtagsfreude holen ging« für einen Kreuzer »Neugewürz« vom Kramer mitbringen sollte. Die englische und die französische Bezeichnung weist auf die vielseitige Verwendungsmöglichkeit hin.

Safran *(saffron/safran)*

Das teuerste Gewürz der Welt: Um ein Kilo Safran herzustellen, müssen die orangefarbenen Blütennarben von 80000 Herbstkrokusblüten gesammelt, getrocknet und zermahlen werden (Kilopreis: etwa 12000 Mark). Safran schmeckt streng-bitter-süß und färbt intensiv gelb. Eine wichtige Zutat für Bouillabaisse, Paella und Risotto, aber auch zur Fleischbrühe (sparsam dosieren) oder zu Saucen für Krustentiere. Beim Kauf immer Fäden verlangen. Bereits gemahlener Safran ist oft durch Zusätze gestreckt.

Sellerie *(celery/céleri)*

Vom Sellerie sind auch die Blätter verwendbar. Sie geben vielen Speisen ein abgerundetes Aroma. Alle starken Brühen, gekochtes Fleisch und weiße Bohnen können damit verfeinert werden.

Senf *(mustard/moutarde)*

Senf kann manche Sauce im Geschmack betonen, in der Konsistenz sämiger machen. Einfachen Senf kann man verbessern, indem man ihn mit Wein anrührt oder Senfmehl mit Traubensaft und Wein vermischt. Die größte Vielfalt erlesener Sorten wird in Dijon hergestellt.
Senfkörner sind weiß- bis gelbliche, etwa 2 mm dicke Samenkörner der Senfpflanze. Sie erhalten ihre scharf-aromatische Würze durch den Stoff Sinalbin und werden zum Würzen von Saucen, Salaten, Gurken, Fisch, Fleisch und Wurst (Jagdwurst, Bierwurst) verwendet.
Senfpulver wird mit Wasser in entsprechender Menge für Saucen und Dressings angerührt. Unterscheidet sich von fertigem Senf durch seine leicht bittere Schärfe. Als bestes Produkt hat sich international das englische »Colman's mustard powder« durchgesetzt.

Tabasco

Die Chiliarten, die für diese berühmte scharfe Würzsauce verwendet werden, sind Capiscum annuum und Capiscum frutescens, die aus dem Tabasco-Anbaugebiet von Mexiko kommen. Sie werden von Hand geerntet, zu einem Brei zermahlen und mit Salz in Eichenfässern gelagert. Der Brei reift drei Jahre, bevor er mit destilliertem Essig vermischt wird. Samen und Schalen werden maschinell entfernt, und das fertige Produkt, eine dünne scharfe Sauce wird in Flaschen abgefüllt. Sie hält sich lange und wird wie die Worcestersauce besonders häufig in amerikanischen und kreolischen Gerichten verwendet, wie Meeresfrüchte mit Gombos, Kürbissuppe, Krabben- oder Hummergerichte und Aufläufe sowie für zahlreiche Cocktails.

Vanille *(vanilla/vanille)*

Kapselfrucht einer aus Mexiko stammenden Kletterorchidee, die heute auch auf den Inseln des Indischen Ozeans sowie in Indonesien angebaut wird. Die schlauchförmigen Fruchtkapseln werden kurz vor der Reife geerntet und fermentiert, wobei sich die gelblich-grünen Früchte schwarzbraun färben und sich das Aroma entwickelt. Vanilleschoten kommen in Glasröhrchen oder in Stanniol verpackt in den Handel.

Zum Gebrauch werden die Schoten aufgeschlitzt. Vanille dient zum Würzen von Feingebäck, Süßspeisen, Eis und Früchten.

Wacholder *(juniper/genièvre)*

Mit den Beeren der Wacholderpflanze, die zur Reife zwei Jahre brauchen, würzt man Sauerkraut, Fischsud, Sauerbraten, Wildschwein, Rebhuhn und Hase. Wacholder verträgt sich mit Petersilie, Thymian, Fenchel, Majoran und Lorbeerblättern.

Zimt *(cinnamon/cannelle)*

Die getrocknete Innenrinde des Zimtbaums. Der beste Zimt kommt aus Ceylon (Kaneel) und wird durch Schälen einjähriger Wurzelschößlinge gewonnen, er wird als Stangenzimt oder Kaneel angeboten. Seine feinaromatische Würzkraft erhält der Ceylonzimt von einem ätherischen Öl, dem Zimtöl.
Chinesischer Zimt (Kassia) wird vom Zimtkassiabaum gewonnen, der in Südchina kultiviert wird. Kassiazimt ist dunkler, dickrindiger und weniger aromatisch. Er wird meist zu Zimtpulver vermahlen und mit Ceylonzimt veredelt. Zimt wird zum Würzen von Gebäck, Obst- und Milchsuppen, Milchreis, süßsauer eingelegtem Gemüse, Glühwein oder Punsch verwendet.

Kniffe aus der Gewürzmühle

Alles, was lange köcheln muß, würze und salze ich immer erst kurz vor Schluß. Ein Chili con carne z. B. kann sonst salzig schmecken wie das Tote Meer. Durch langes Kochen verdampft nur Flüssigkeit, nicht aber die Geschmacksintensität der Gewürze.

Ein Stückchen Bitterschokolade hat sich als Gewürz bei Chili con carne bewährt.

Mein Suppengewürz stelle ich mir gern selbst her: Sellerie, Lauch, Karotten, Petersilie und Liebstöckel durch den Mixer drehen und mit grobem Meersalz vermischen. In Schraubdeckel-Gläsern hält es sich bei Raumtemperatur gut ein Jahr.

Ich bin gremolatasüchtig. Nicht nur zu Ossobuco, sondern auch zu Fisch und Geflügel paßt diese italienische Würzbeigabe. Abgeriebene Schale einer unbehandelten Zitrone mit gehackter Petersilie und durchgepreßtem Knoblauch vermengt – fertig ist die Gremolata. Nur roh verwenden!

Das Tee-Ei, das ich zum Teekochen schon lange nicht mehr verwende, dient mir dazu, ganze Gewürze wie Pfefferkörner, Wacholderbeeren oder Lorbeerblätter aufzunehmen und mitkochen zu lassen. Das erspart mühsames Herausfischen.

Jedesmal dasselbe: Ich vergesse immer wieder die Namen der verschiedenen Schärfegrade von Paprikapulver. Jetzt wird's aufgeschrieben:

Delikateß: ganz mild — *edelsüß:* mild

halbsüß: wenig scharf — *Rosenpaprika:* sehr scharf

Versteht sich, daß Paprikapulver, wie alle anderen pulverisierten Gewürze, in lichtundurchlässigen Gefäßen aufbewahrt werden muß.

Hängt Ihr Gewürzbord direkt neben dem Herd? Suchen Sie einen anderen Platz. In der Nähe einer Kochstelle verlieren alle Gewürze sehr schnell Farbe und Aroma.

Wenn ich große Chilis oder Pfefferschoten enthäuten will, spieße ich sie auf Gabelzinken und lasse über der Gasflamme die Haut schwarz werden. Danach läßt sie sich leicht ablösen. Gibt es in der Küche kein Gas, läßt sich die Haut der Chilis oder Paprikaschoten leicht abziehen, wenn man die Früchte auf dem Gitter im Backofen röstet, bis die Haut platzt. Danach kurz unter ein feuchtes Tuch legen.

Curry selbst gemacht

Was bei uns als Curry angeboten wird, hat oft mit der edlen Gewürzmischung kaum Ähnlichkeit. Ein ordentliches Currypulver, das man geschmacklich noch in viele Richtungen ausbauen kann, selbst herzustellen, ist gar nicht so schwierig, und doch klingt der Satz »Ich mache meinen Curry selbst« schon sehr exklusiv. Für einen kleinen Vorrat von garam-ma sala, *wie die Inder die einfache Form des Curry nennen, braucht man:*

4 Zimtstangen von Zigarettenlänge
16 EL ganze Kardamom-Kapseln
8 EL Gewürznelken

8 EL Kreuzkümmel
4 EL schwarze Pfefferkörner
sowie zum späteren Einrühren
1 EL Ingwerpulver
1 EL Muskatblüte
1 EL Kurkuma (Gelbwurz)

Den Backofen auf 100 Grad vorheizen, Zimtstangen, Kardamom, Nelken, Kreuzkümmel, Koriander und Pfefferkörner auf einem Blech ausbreiten. Auf dem untersten Einschub 30 Minuten lang rösten und die Mischung dabei dreimal mit einem Löffel wenden. Die Gewürze dürfen nicht braun werden oder anbrennen. Die Kardamom-Kapseln mit den Fingern aufbrechen, den Samen herauslösen, die Kapseln wegwerfen. Die gerösteten Zimtstangen zwischen ein Tuch legen und mit einem Fleischklopfer bearbeiten, bis sie fein zerbröckelt sind.
Die Gewürze mischen und tassenweise im Mixer so lange mit hoher Geschwindigkeit mahlen, bis ein feines Pulver entsteht. In dieses Pulver jetzt die pulverisierten Gewürze Ingwer, Muskatblüte und Kurkuma sorgfältig einrühren. Abschmecken. Zum Nachschärfen eignet sich etwas Cayennepfeffer. Den fertigen

Curry in ein lichtundurchlässiges Vorratsgefäß füllen, das luftdicht abschließt. Currypulver verträgt weder Licht noch Sauerstoff.
Unser selbstgemachter Curry besteht jetzt aus 9 von insgesamt 36 möglichen Zutaten. Zur Geschmacksveränderung eignen sich als weitere Zusätze: Piment, Paprika, Senfkörner, Fenchelsamen, Mohnsamen, Knoblauchpulver, Sternanis, weißer Pfeffer, Muskatnuß, Bockshornkleesamen (Achtung, er wird leicht bitter), Thymian oder Rosmarin, selbstverständlich alles pulverisiert und in kleinen Mengen.

Eier

*»Das Ei ist das Fundament der hohen Kochkunst,
die beschwingende Seele von Suppen und Saucen,
und eine Küche ohne Eier ist wie ein Haus ohne Fenster,
triste und trostlos.«*

(Harry Schraemli)

Ein Ei besteht aus Dotter und Eiklar. Eiklar ist die korrekte Bezeichnung für das Weiße im Ei, hat sich aber als Küchenbegriff nicht durchgesetzt. Der Begriff Eiweiß bezeichnet ganz allgemein den Baustoff Protein. Ernährungsphysiologische Analyse eines durchschnittlich großen Hühnereis von 60 g:

Protein	6,81 g
Fett	5,91 g
Kohlenhydrate	0,37 g
Vitamin A	0,12 mg

Vitamin B	0,05 mg
Vitamin B_2	0,16 mg
Calcium	29,57 mg
Phosphor	114,05 mg
Natrium	76,03 mg
Eisen	1,11 mg
Energie	88 kcal/369 kJ

Außerdem sind die Vitamine C, D, E und K enthalten. 12 % des Gewichtes von Hühnereiern entfallen auf die Schale.

Frische Eier sehen rauh und kalkig aus, in einer Schüssel mit Salzwasser liegen sie auf dem Grund, alte stehen aufrecht oder steigen nach oben.

Frische Eier sollte man bei kühler Lagerung innerhalb von 3 Wochen verbrauchen. Die »Nestwarmen« sind keineswegs die besten. Ein Hühnerei ist erst nach drei Tagen auf seinem geschmacklichen Höhepunkt. Ein sicherer Test ist das Spiegelei. Setzt das Gelbe sich deutlich gewölbt vom Weißen ab, ist das Ei superfrisch. Je flacher das Eigelb in der Pfanne bleibt, um so älter das Ei.

Die einfachste Art, Eier zu garen, ist, sie in der Schale zu kochen. Die Garzeiten variieren nach Größe und vorhergehender Temperatur (Kühlschrank- oder Zimmertemperatur):

Weich:	4–5 Minuten
Wachsweich:	6–8 Minuten
Hart:	8–10 Minuten

Alle Zeitangaben gehen davon aus, daß die Eier in kochendes Wasser eingelegt werden. Ein kleiner Schuß Essig im Kochwasser verhindert das Austreten von Eiweiß durch Haarrisse der Schale. Jedes Ei vor dem Kochen mit entsprechendem Gerät an der stumpfen Seite einstechen. Die Eier immer unmittelbar nach dem Kochen in eiskaltem Wasser abschrecken – sonst löst sich die Schale schwer oder gar nicht. Hartgekochte Eier möglichst bald weiterverwenden, da sich sonst das Eigelb verfärbt. Das hat zwar auf den Geschmack keinen Einfluß, sieht aber häßlich aus.

Bei der Zubereitung vieler Rezepte bleiben Eigelb oder Eiklar als Reste zurück. Sie lassen sich später zum Legieren klarer Brühen, für Cremesuppen, alle hellen Saucen, Flammeris und Cremes verwenden. Aus zwei Eidottern und tropfenweise eingerührtem Öl ist schnell eine Mayonnaise hergestellt.

Brillat-Savarin und Escoffier stimmen mit ihrer Bewertung der Geschmacksqualität von Eiern überein. Unser Hühnerei nimmt den fünften Rang ein. Auf Platz eins liegt das Perlhuhnei. Platz zwei belegt das Kibitzei, auf Platz drei folgt das Wachtelei, und der vierte Rang wird dem Möwenei zuerkannt.

Alle Hühner dieser Erde legen pro Jahr etwa 400 000 000 000 Eier.

Das Eigelb ist hervorragend zum Herstellen von Saucen geeignet. Das Lecithin des Eidotters enthält nämlich Moleküle mit fett- und wasserfreundlichen Gruppen, die die Verbindung von Fett und Wasser fördern.

Eisaucen werden nicht gekocht, denn sie mögen es wohltemperiert – nicht zu heiß und nicht zu kalt: Deshalb schlägt man sie am sichersten in einem Wasserbad auf.

Zu stark erhitzte und schon geronnene Eimasse läßt sich so retten: Topf sofort vom Feuer nehmen und flüssige kalte Schlagsahne darunterziehen. Die Masse wird auf diese Weise wieder cremig. Klappt auch bei Pannen mit den Saucen hollandaise, béarnaise und mousseline.

Frische Eier mit angeknackter Schale, die man kochen möchte, lassen sich gut »flicken«. Ich lege die Eier in einem Sieb eine Minute über Wasserdampf. So erstarrt das Eiweiß entlang der Schadstelle, und es besteht keine Auslaufgefahr mehr.

Ich brauche immer viel mehr Eiklar als Eigelb. Inzwischen habe ich mir auch für letzteres eine Verwendung ausgedacht: Ich lasse die Dotter vorsichtig in kochendes Wasser gleiten und ca. 18 Minuten kochen. So habe ich immer eine Basis für einen Teig oder eine Grundlage für Salatdressing.

Neulich las ich ein neues Rezept für gefüllte kalte Gurke. Da hieß es wörtlich: »Die Eier hart kochen, abschrecken und das Gelbe mit dem Eierschneider in Streifen schneiden.« Probieren Sie's nicht. Es ist eine Riesensauerei. Das Eigelb zerfällt in Krümel.

Den Teig für zarte Omeletts rühre ich nur mit Selterswasser an, niemals mit Milch oder gar Sahne!

Crêpes mache ich immer in solchen Mengen, daß sich das Einfrieren lohnt. Zwischen jeden Pfannkuchen kommt ein Pergamentpapier, dann das Ganze in Alufolie oder Gefrierbeutel ins Tiefkühlfach. So hat man bei Überraschungsbesuchen immer die Grundlage für ein Dessert.

Auf einem ausgeblasenen, bemalten und beschrifteten Ei aus der Biedermeierzeit las ich den schönen Vers:

Ich wünsch, Liebchen, froh und frei,
mich Dir, Dich mir, zum Frühstücksei!

Wie viele gerade keimende Beziehungen sind an falsch zubereiteten Frühstückseiern wieder verdorrt: zu hart, halb ausgelaufen, zu weich, nicht abgeschreckt, zu kalt und was der scheußlichen Zumutungen mehr sind. Auch ein gekochtes Ei ist der vollen Aufmerksamkeit des Kochs wert.

Wilhelm Busch verdanken wir das Gedicht vom Ei:

Das weiß ein jeder, wer's auch sei,
gesund und stärkend ist das Ei –
nicht nur in allerlei Gebäck,
wo es bescheiden im Versteck;
nicht nur in Soßen ist's beliebt,
weil es denselben Rundung gibt;
nicht eben dieserhalben nur –
nein, auch in leiblicher Statur,
gerechtermaßen abgesotten,
zu Pellkartoffeln, Butterbroten,
erregt dasselbe fast bei allen
ein ungeteiltes Wohlgefallen;
und jeder rückt den Stuhl herbei
und spricht: »Ich bitte um ein Ei!«

Kartoffeln

»Ein guter Koch behandelt eine Kartoffel mit der gleichen Hingabe wie einen bretonischen Hummer.«

(Eckart Witzigmann)

Nach botanischen Kriterien ist die Kartoffel keine Frucht, sondern eine unterirdische Sproßverdickung. Für unsere Küche ist sie unentbehrlich.

Beim Einkauf sollte man je nach Verwendungszweck unterscheiden:
Festkochend (Salatware): geeignet für Salate, Bratkartoffeln, Salz- und Pellkartoffeln.
Vorwiegend festkochend: ideal für Salz- und Pellkartoffeln.

Mehlig: besonders geeignet für Kartoffelpüree, Kartoffelpuffer, Klöße, Suppen und Eintopfgerichte.

Der Kartoffelvorrat gehört in den Keller oder an einen anderen dunklen Platz. Die Knollen haben nämlich die Eigenschaft, im Licht zu ergrünen. Die grünen Partien enthalten den Giftstoff Solanin und sollten deshalb auf keinen Fall verzehrt werden. Grüne Stellen an Kartoffeln sind großzügig wegzuschneiden. Total grüne Knollen wegwerfen.

Kartoffelwasser kocht bei geschlossenem Topf nicht über, wenn man dem Wasser eine Messerspitze Butter beifügt.

Häufig bleibt reichlich Kartoffelpüree übrig. Das forme ich in flache Klöße, wälze sie leicht in Mehl und gebe sie in Portionsbeuteln zum Schockgefrieren in die Tiefkühltruhe. Bei Bedarf werden sie unaufgetaut ausgebraten und sind als Beilage zu Fisch oder Fleisch gut geeignet.

Für Kartoffelsalat lassen sich festkochende Kartoffeln am besten heiß pellen, kalt in Scheiben schneiden und dann in einer Marinade aus heißer Brühe, Essig, Salz und Pfeffer einlegen. Die heiße Brühe dringt besser ein und läßt die durchtränkten Kartoffeln ihren Geschmack voll entfalten. Die Flüssigkeit von eingemachten Gewürzgurken nicht weggießen. Sie eignet sich gut als Würze für Kartoffelsalat.

Damit sich die roh geriebenen Kartoffeln fürs Kartoffelpuffer-Backen nicht so schnell bräunlich verfärben, reibe ich sie in etwas saure Sahne. So bleibt die Masse frisch und weiß bis zum Backen.

Der dümmste Tip des Jahres, den ich vor kurzem las: »Kartoffelpuffer aus der Tüte verbessert man mit frisch geriebenen Kartoffeln und einer Zwiebel« ... Kartoffelpufferteig besteht aus geriebenen Kartoffeln und Zwiebeln. Also muß man bei diesem Tip eigentlich nur die »Tüte« weglassen.

Die lange Garzeit der großen ungeschälten Kartoffeln in Alufolie hat jahrelang meine Geduld auf eine harte Probe gestellt. Jetzt weiß ich, wie sich die Backzeit um eine Viertelstunde verringern läßt: Durch die Alufolie stecke ich einen großen, rostfreien Nagel in jede Kartoffel. Solche Nägel gibt es jetzt in gutsortierten Haushaltsgeschäften für diesen Zweck zu kaufen.

Daß Deutsche als Kartoffel-Connaisseure gelten, erstaunt mich immer wieder, wenn ich die meist dürftige Auswahl von Kartoffelgerichten auf den Speisekarten bürgerlicher Restaurants lese. Viele Köche sollten öfter mal im »Hering«, dem Küchenlexikon der Profis, blättern. Da sind allein 146 Varianten der Kartoffelzubereitung verzeichnet.

Pommes frites können da, wo sie als Beilage am Platz sind und ordentlich zubereitet werden, recht gut sein, und auch mit frischen Chips läßt sich in der Küche manches verzieren. Wenn Kinder aber Riesenportionen Pommes mit Mayonnaise oder Ketchup, in schlecht riechendem Fett gebacken, in sich reinmampfen, läuft mir schon beim Anblick eine Gänsehaut über den Rücken. Ob diese Verbrauchergeneration jemals einen großen Koch oder Feinschmecker hervorbringen wird?

Die deutsche Bratkartoffel

❖

»Luther erschütterte Deutschland –
aber Francis Drake beruhigte es wieder:
er gab uns die Kartoffel.«
(Heinrich Heine)

Es ist ein Kinderspiel, sich heute über die Zubereitung von Wachtelbrüstchen, über Hummereinlagen in Steckrübensuppe, über Kresseschaum und Kräuterkrusten auf Zander, über Sorbet aus roter Bete oder über den Dialog von Früchten zu unterrichten.

Zeitschriften und eine Bücherflut bringen uns bei, wie alles, was auf den Teller kommt, immer vollwertiger, sprossiger, nouveller und vornehmer werden kann, nur über das großartige Gaumenerlebnis anständiger Bratkartoffeln schweigen sie sich aus. Leider halten die meisten modernen Kochbuchautoren die Bratkartoffel für zu ordinär, um sie in ihr Repertoire aufzunehmen. Dabei gibt es schon seit 1913 die Sieben goldenen Regeln für die Behandlung (fettarmer!) Bratkartoffeln, die allen modernen ernährungswissenschaftlichen Erkenntnissen Rechnung tragen:

1. Keine mehligen Kartoffeln und auf keinen Fall Reste vom Vortag verwenden; sie saugen zuviel Fett auf. Statt dessen festkochende Kartoffeln in der Schale in Salzwasser kochen, schälen und kalt werden lassen.

2. Kartoffeln erst in gleichmäßige Scheiben schneiden, wenn sie erkaltet sind. (Schneidet man sie warm und läßt sie offen in der Küche stehen, besteht die Gefahr, daß sie schon nach zwei Stunden anfangen zu gären und dann widerlich schmecken.)

3. Eine halbe Stunde vor dem Essen mit der Zubereitung beginnen. Als Gerät eine schwere Pfanne, als Fett möglichst Butterschmalz nehmen.

4. Kartoffelscheiben ins rauchheiße Fett geben und nicht zu oft bewegen. Dann Temperatur absenken.

5. Ist die untere Seite schon gefärbt, das Ganze wenden und bis zur leichten Bräunung weiterbraten. Danach durchrühren, Temperatur erhöhen, bis die Kartoffeln krustieren.

6. Temperatur reduzieren und für 2–3 Minuten einen Deckel auf die Pfanne legen. Dadurch scheiden die Kartoffeln aufgenommenes Fett wieder aus, das durchs Küchensieb abgegossen wird.

7. Jetzt erst salzen und mit einem kleinen Stich Butter durchschwenken. Sofort servieren.

»Eine gebratene Kartoffel ist besser
als eine unreife Ananas.«

Zehn deutsche Spitzenköche und ihre Bratkartoffeln:

Witzigmann:
»Ein Lieblingsgericht aus meiner Kindheit: Bratkartoffeln aus gekochten mehligen Kartoffeln, mit Zwiebeln und Speck, zu Rahmspinat und Spiegelei oder als edles Schmankerl aus rohen speckigen Kartof-

feln in geklärter Butter ausgebraten mit Périgord-Trüffeln. Lecker sind auch Bratkartoffeln nur aus der sorgfältig gereinigten und kroß gebratenen Kartoffelschale.«

Ammann, Hannover:
»In einer geschmiedeten Pfanne mit Flomenschmalz braten, mit breiter Palette von Zeit zu Zeit wenden, bis sie auf der Unterseite eine Kruste bekommen. Fein gewürfelte oder in dünne Scheiben geschnittene Zwiebeln kurz nach dem Anbraten in die Pfanne geben oder extra anschwenken und zum Schluß untermengen. Wichtig: Oft wenden, aber immer erst dann, wenn sich an der Unterseite die goldbraune Kruste gebildet hat. Ein kulinarischer Hochgenuß!«

Langendorf, Wiesbaden:
»Gekochte Kartoffeln vom gleichen Tage. Langsam braten. Gute Bratkartoffeln brauchen viel Zeit zum Krustieren.«

Schmidt, Bremen:
»Ich liebe drei Arten der Zubereitung:
a) Aus rohen Kartoffeln, sehr dünn geschnitten und mit so wenig neutralem Fett wie möglich braten. Deshalb beschichtete Pfanne verwenden. Häufig wenden und vermischen. Würzung: Kümmel, Pfeffer, Salz.

b) Aus Pellkartoffeln (ländliche Art). Schwere Eisenpfanne mit angeräuchertem Speck ausreiben. Grobe Speckstücke mit den Kartoffeln braten und vor dem Servieren wieder entfernen, so daß sich nur das Aroma mitteilt. Würzung: Pfeffer, wenig Salz.

c) Aus Salzkartoffeln (italienische Art). Kartoffeln in Segmente schneiden, in etwas neutralem Olivenöl anbraten. Zum Schluß mit wenig durchgepreßtem Knoblauch und frischen Rosmarinblättern würzen und etwas aromareiches Olivenöl zugeben.«

Müller, Westerland/Sylt:
»Aus gekochten Pellkartoffeln, in Scheiben geschnitten, mit Speck und Zwiebeln. Noch lieber ›Brägel‹ – Erinnerung an meine Schwarzwälder Jugendzeit – wie Rösti zubereitet aus geriebenen Pellkartoffeln mit Zwiebeln und Griebenschmalz.«

Pflaum, Pegnitz:
»Aus frisch abgekochten festkochenden Kartoffeln. Geschält, in Scheiben geschnitten, in der Pfanne mit braungemachter Butter oder Gänseschmalz unter vorsichtigem Umwenden mittel- bis dunkelbraun braten. Feingehackte Bamberger Zwiebeln mitbraten. Als Gewürz: Kümmel, Petersilie, Schnittlauch und Thymian.«

Rockendorf, Berlin:
»Aus rohen Kartoffeln mit Scheiben von Périgord-Trüffeln. Mischungsverhältnis: auf ein Kilo Kartoffeln 20 g Trüffeln.«

Wehmann, Hamburg:
»Aus gekochten Kartoffeln mit Zwiebeln (im Notfall auch von rohen).«

Schilling, Wertheim:
»Ist bei mir Stimmungssache: Wenn's heiß ist, aus rohen Kartoffeln in Olivenöl. Mit Rosmarin, jungen Knoblauchscheiben und schwarzem Pfeffer gewürzt; sonst aus frischgekochten Kartoffeln mit Zwiebeln.«

Bouley, Ravensburg:
»Ich bevorzuge Bratkartoffeln aus gekochten Kartoffeln zubereitet, und dies ohne Zwiebeln.«

Teigwaren

»Nudeln machen ein flüchtiges Aroma zu einer Sache, die man beißen kann. Das sagt eine Menge über ihre Haupteigenschaft aus. Sie selbst geben wenig an Geschmack, aber machen viel aus dem, was man dazu gibt.«

(O. E. Basil)

Wissenswertes rund um die Nudel

Die Pasta-Formel: Zum guten Gelingen italienischer Pasta (und anderer Teigwaren) gehört das richtige Abkochen. Deswegen sollte man sich immer an die Pasta-Formel halten. Sie lautet: Tausend, Hundert, Zehn. Das bedeutet: 1000 cm^3 (1 l) kochendes Wasser für 100 g Teigwaren mit 10 g Salz.

Teigwaren dürfen nicht zu weich und nicht zu hart sein, sondern sollen immer einen Biß behalten, »al dente«, wie man in Italien sagt. Auf die Packungsangaben soll man sich besser nicht verlassen, sondern von der 6. Minute an jede Minute eine Nudel herausnehmen und durch Hineinbeißen den Garzustand prüfen. Ist er perfekt, sofort eine Tasse kaltes Wasser zu den Nudeln gießen, damit der Kochvorgang unterbrochen wird.

Wenn man die Teigwaren abgießt, stellt man am besten die Schüssel, in der sie serviert werden sollen, unter den Durchschlag, damit sie sich aufheizt. Dann das Wasser abgießen und sofort die Nudeln einfüllen. Sie schmecken nur, wenn sie richtig heiß sind.

Damit die Nudeln nicht zusammenkleben, stelle ich beim Abgießen 1/2 Tasse des Kochwassers beiseite. Damit werden die abgetropften Nudeln in der Schüssel besprengt und kurz durchgemischt.

Schon beim Einkauf darauf achten, daß alle weißen Teigwaren aus Hartweizen hergestellt sind. In Italien ist die Herstellung von Teigwaren aus Hartweizen seit 1967 durch Gesetz vorgeschrieben.

Die gelbe Farbe von gekauften Eiernudeln sagt über den Eianteil nicht viel aus. Als Minimum sind 2 1/4 Hühnereier auf 1 kg Grieß lebensmittelrechtlich vorgeschrieben. Einige Hersteller steigern die Eierzutat bis auf 6 Eier pro Kilo. Diese Nudeln sind von besonders zarter Konsistenz.

Teigwaren, an einem trockenen Ort aufbewahrt, sind unbegrenzt haltbar.

Nudeln brauchen zwischen 6 und 16 Minuten im sprudelnd kochenden Salzwasser, um sich vollendet zu präsentieren. Was in Gaststätten schneller auf den Teller kommt, ist auf Vorrat gekocht, wird erst bei Bestellung in kochendem Wasser im Sieb wieder erhitzt und wurde, statt in den Futtereimer, auf den Teller des Gastes geschüttet. Ausnahmen von dieser Regel sind nur die fernöstlichen Glas-, Reis- und Sojamehlnudeln, die mit kürzeren Kochzeiten auskommen.

Italienisches

»Eine wohlbesetzte Tafel ist der einzige Platz, an welchem man in der ersten Stunde keine Langeweile empfindet.«

(Karl Friedrich von Rumohr)

Was italienische Köche an Nudelformen erfunden haben, grenzt ans Unglaubliche. Um ihre geliebten Teigwaren bei jeder Mahlzeit abwechslungsreich zu präsentieren, arbeiten sie heute mit über 50 form- und geschmacksverschiedenen Sorten. Der Übersicht halber sind die bekanntesten Pasta-Namen hier nach ihrem Verwendungszweck geordnet:

Einlage für Suppen: Acini di pepe, Amorini, Anellini, Nocchette, Semini di melo

Als Hauptbestandteil oder Beilage: Agnolotti, Barbine, Bucatini, Capellini, Conchiglie, Farfalle, Fedelini, Fettuccine (verdi), Fusilli, Gnocchi, Lasagnette, Lingue di passero, Maccheroni, Maccheroncini, Mafalde, Mafaldine, Mezzani, Mostaccioli rigati, Perciatelli, Perciatelloni, Spaghetti, Spaghettini, Zitoni

Zum Überbacken/als Auflauf: Cappelletti, Gramigna rigata, Grosso rigato, Lasagne (verdi), Occhi di lupo, Penne, Penne lisce, Penne rigate, Pennini, Ruote, Sedanini, Tortiglioni

Gefüllte Teigwaren: Agnolotti, Cannelloni, Lumache, Manicotti, Panzerotti, Ravioli, Tortellini

Zwei Dinge begreife ich an der italienischen Küche nicht. Erstens: Warum gibt es in diesem Land, klimatisch mit den besten Tomaten gesegnet, nirgends eine richtige Tomatensuppe? Zweitens: Wieso wird Pasta für Aufläufe immer frisch gekocht? Nie habe ich jemanden Reste verwerten sehen. Nach meiner Erfahrung schmeckt ein Nudelauflauf besser mit gekochten Teigwaren vom Vortag.

Einer Mama in Montepertuso am Herd abgeguckt: Zwei rohe Makkaronistangen, als Schornsteine in den Auflauf gesteckt, verhindern das Überquellen des Gerichtes im Ofen.

Tortellini sollen ihre Entstehung der Liebe verdanken: Ein Koch sah die schlafende Frau seines Herrn nackt und verfiel daraufhin in solche Leidenschaft, daß er aus Nudelteig ihren Nabel formte. Nehmen wir an, Sie haben eine liebliche Lucretia zu Gast und wollen sich durch einen kleinen Imbiß eine Stunde Reden ersparen. Sie müssen kein großer Koch sein, um ihr folgenden unmißverständlichen Antrag zu machen: 125 g Tagliatelle werden al dente gekocht. Nach dem Abgießen 2 TL frische Butter auf den Nudeln zergehen lassen. 3 EL Kaviar mit 2 EL Crème fraîche verrühren und auf dem Teller über die Nudeln gießen. Das ist alles. Eine Flasche weißer Bordeaux, zum Beispiel ein »Y« (gesprochen Igrec), trinkt sich dazu wie von selbst.

Spezialitäten aus deutschen Landen

»Trinken ohne Essen
ist zwischen zwei Stühlen gesessen.«
(Deutsches Sprichwort)

Bayern

Dampfnudeln
Hefeklöße, die in wenig Wasser gekocht werden. Dazu gehören ausgebratener Schinkenspeck und gekochtes Backobst.

Dradiwixpfeiferl
Kleine hausgemachte Nudeln, auch Bauchstecherl genannt. Man dreht sie zu regenwurmartigen Pfeiferln (kleine Pfeifen) zusammen, die kurz in Salzwasser gekocht und anschließend in der Pfanne mit Butter leicht geröstet werden. Sie werden als Bratenbeilage oder zum Salat serviert. In Butter und Milch statt in Salzwasser gekocht, werden sie auch als süße Beilage zu Kompott gegessen.

Schuxn
Der Teig für Schuxn besteht aus Roggenmehl, Magermilch und Salz. Sie werden in ovaler Form in der Pfanne mit viel Schmalz gebacken.

Rheinland-Pfalz

Pfälzer Himmelreich
Ein warm-kaltes Gericht aus Eierbandnudeln. Aus der einen Hälfte der Nudeln wird ein Salat mit viel Schnittlauch gemacht, die andere Hälfte wird in der Pfanne mit Eiern überbacken. Beides kommt zu gleichen Teilen auf einen Teller.

Württemberg

Hefeknöpfle
Handgeformte Teigwaren aus Hefeteig, mit gebräunten Semmelbröseln überstreut. Beilage zu Bohnen, Linsen und Sauerkraut.

Maultaschen
Eine Art schwäbischer Ravioli, gefüllt mit Kalbsbratwurst-Masse, magerem Räucherspeck, Schweinehack, Petersilie, Zwiebeln, Blattspinat, gewürzt mit Muskat. Serviert in Rinderbrühe mit Schnittlauch-Röllchen.

Maultaschen, geschmelzt
Kalte Maultaschen, in fingerdicke Streifen zerschnitten, in Butter gebraten und mit verquirltem Ei übergossen. Dazu gibt es gebräunte Zwiebelringe und schwäbischen Kartoffelsalat.

Spätzle (Knöpfle)
Ein Teig aus Mehl, Eiern, Salz und Wasser, in kochendes Salzwasser mit einem Messer vom Brett geschabt. Der Teig ist der gleiche wie der für die runden »Knöpfle« in Baden.

Reis

»Der Reis ist wie ein gutmüthiger Mensch,
er paßt für jeden Geschmack
und ist Niemandem unbequem.«
(George Hesekiel)

Langkornreis hat 6–8 mm lange schlanke Körner. Pur als Beilage zu Fleisch oder Fisch, aber auch als Basis für viele Reisgerichte zu verwenden. Die delikateste Sorte ist der sehr aromatische Basmati-Reis, der im Himalajagebiet angebaut wird. Als Beilage rechnet man pro Person normalerweise etwa 50 g ungekochten Reis, beim Mischen mit anderen Zutaten etwa 40 g und als Hauptgericht etwa 75 g.
Reis körnig kochen: Nehmen Sie geschälten Reis (eine Tasse Körner ergibt mehr als zwei Tassen fertiggekochten) und stel-

len Sie einen flachen Topf mit leicht gesalzenem Wasser aufs Feuer. Die Wassermenge ist nicht so wichtig, nur weniger als die dreifache Menge der Körner sollte es nicht sein. Wenn das Wasser kocht, die Reiskörner einschütten – sowie es wieder brodelt, den Deckel auf den Topf und die Hitze ganz klein stellen. Nach genau 17 Minuten, ohne inzwischen zu rühren oder neugierig den Deckel abzunehmen, den Reis durch ein Sieb abgießen und gründlich abtropfen lassen. Schütten Sie jetzt den abgetropften Reis in eine feuerfeste Schüssel und stellen Sie ihn bei 100 Grad für 5 Minuten mit einer Messerspitze Butter in den vorgewärmten Backofen. Was dann auf den Teller kommt, ist »staubtrocken« und eignet sich auch zu vielen anderen Weiterverarbeitungen; als gebratener Reis mit gedünstetem Gemüse vermischt, als serbischer Reis mit Lammfleischeinlage, als Reissalat – um nur wenige Beispiele zu nennen.

Mittelkornreis ist auch 6–8 mm lang, aber viel dicker als Langkornreis. Er klebt leicht und ist vor allem für Risotto (Garzeit ca. 30 Minuten) geeignet.
Was für Spaghetti al dente bedeutet, heißt beim echten Mailänder Risotto »all'onda« – zu deutsch »wie eine Welle«. Die Reismasse muß cremig-geschmeidig sein, das Einzelkorn noch Biß haben. Die »Welle« gebe ich meinem Reis – vorzugsweise der Sorten Vialone oder Arborio – durch ständiges Rühren und Nachgießen von heißer (!) Brühe.
Parmesan immer erst einrühren, wenn das Risotto gar ist. Ob man Risotto mit schwarzen oder weißen Trüffeln zubereitet, bleibt eine Preis- und Geschmacksfrage. Nur mischen darf man die beiden Trüffelarten auf keinen Fall.

Rundkornreis hat kürzere, dicke Körner und ist sehr stärkehaltig. Geeignet für Risotto. Besonders gut für Milchreis oder Reispudding. Kochzeit 30 Minuten (Milchreis etwas länger).

Geschälter Reis ist enthülst und geschliffen. Weißes Korn.

Naturreis ist ungeschälter Reis, er wird enthülst, jedoch nicht geschliffen. Mehr Vitamin- und Eiweißgehalt als geschälter Reis, gelblich-bräunliches Korn. Garzeit 35–50 Minuten. Kräftig im Geschmack.

Wilder Reis ist die teuerste Reisart, seine extrem langen, schlanken Körner sind von schwarz-brauner Farbe; es gibt ihn nur ungeschält. Unter all seinen populären Namensvettern ist wilder Reis für den Feinschmecker das, was die Trüffel unter den Pilzen bedeutet.
Im botanischen Sinn ist Wildreis gar kein Reis, sondern der Samen eines Grases, das wild in den kalten, klaren und sauberen Seen im Nordwesten der kanadischen Provinz Ontario wächst. Wildreis gibt es nicht in unbegrenzter Menge. Da die Seen meistens abgelegen und schwer zugänglich sind, wird nur eine geringe Menge geerntet. Die Ernte ist ein Privileg der indianischen Ureinwohner Kanadas.
Wilder Reis ist wesentlich ergiebiger als der herkömmliche Reis. Da die Körner beim Kochen auf das Vierfache ihrer Größe anschwellen, entstehen aus der gleichen Menge wesentlich mehr Portionen als bei anderem Reis. Als Naturprodukt erster Güte ist wilder Reis frei von allen chemischen Stoffen wie Pflanzenschutz- und Düngemitteln. Er hat einen hohen Nährwert, enthält nur wenig Fett, jedoch einen beachtlichen Prozentsatz an Protein und Vitamin B.
Zubereitung: Wildreis muß vor dem Kochen eingeweicht werden. Dann im Sieb unter fließendem Wasser spülen. In leicht gesalzenem Wasser 45–50 Minuten sanft kochen lassen (auf 1 Teil Reis 3 Teile Wasser). Nach dem Garen sollte er noch einen »Biß« haben.

Parboiled-Reis
Die Bezeichnung »parboiled« weist auf ein spezielles technisches Verarbeitungsverfahren, das dazu dient, den Mineralstoff- und Vitamingehalt des Reiskorns weitgehend zu erhalten. Vor dem Schleifen und Polieren wird der Reis mit Dampf unter Druck so behandelt, daß Vitamine und Mineralstoffe aus der Schale und dem Silberhäutchen in das Innere des Kornes wandern. Dadurch gehen aus den wertvollen Randschichten etwa 80 % der Vitamine und Mineralstoffe in den Kern über. Anschließend erfährt der Reis die gleiche Mühlenbehandlung wie Weißreis. Er bekommt schließlich die gleiche weiße, glatte Oberfläche. Neben den ernährungsphysiologischen Vorteilen bietet Parboiled-Reis auch bessere Kocheigenschaften. Er ist kochfest, ergiebiger und bleibt beim Kochen körniglocker.

Milch, Sahne, Butter

Milch

1 l Milch enthält:
35 g Milcheiweiß: biologisch hochwertig und lebenswichtig für den Zellaufbau. Es sorgt für Wachstum und gute Kondition.
35 g Milchfett (bei Vollmilch): besonders leicht verdaulich, dient als Batterie für den Energiehaushalt des Körpers.
50 g Milchzucker (Glukose und Galaktose): verbessert die Aufnahme von Calcium und dient zur Anregung der Verdauung.
7 g Mineralsalze (darunter Calcium, Phosphor und Magnesi-

um): verantwortlich für gesunde Zähne, Knochenaufbau, Kreislauf und Organtätigkeit.
Spurenelemente: Alle wichtigen Spurenelemente wie Kupfer, Eisen, Schwefel und Jod sind enthalten.
Vitamine: Milch enthält vier fettlösliche und fast alle wasserlöslichen Vitamine. Darunter Vitamin A für die Sehkraft, Vitamin D für die Knochenbildung und die Vitamine B_2, B_6 und B_{12} für Nervensystem und Haut.

Vorzugsmilch
Nicht pasteurisierte, in ihrer natürlichen Beschaffenheit belassene Rohmilch. Der Fettgehalt ist naturbelassen und nicht standardisiert, nach Landesrecht unterschiedlich und liegt meist bei 4 %. Vorzugsmilch unterliegt strengen hygienischen Bestimmungen.

Vollmilch
hat einen Fettgehalt von 3,5 %. Fettarme (teilentrahmte) Milch hat einen Fettgehalt zwischen 1,5 und 1,8 %, entrahmte Milch von höchstens 0,3 %.

Frische Milch
ist normalerweise pasteurisiert (siehe auch Vorzugsmilch). Auf der Verpackung ist angegeben, wie lange sie gekühlt mindestens haltbar ist. Pasteurisieren bedeutet, daß die Milch erhitzt, aber nicht gekocht wird (in der Regel für 15–40 Sekunden auf 71–74 Grad).

H-Milch
Diese ultrahocherhitzte Milch ist in ungeöffneter Packung auch ohne Kühlung sehr lange haltbar (meist 6 Wochen und länger). Beim Ultrahocherhitzen wird die Milch für 3–10 Sekunden auf Temperaturen von 135–150 Grad gebracht.

Sterilisierte Milch
Sterilisierte Milch hält sich in ungeöffneter Flasche bei Zimmertemperatur bis zu 1 Jahr. Das Haltbarkeitsdatum ist auf der Flasche angegeben. Beim Sterilisieren wird die Milch in der Verpackung 10–20 Minuten auf 110–120 Grad erhitzt, vergleichbar dem Einkochen.

Im Handel erhältlich sind außerdem Magermilch (höchstens 0,3 % Fett), Sauermilch, Buttermilch, Schwedenmilch, Dickmilch, Kefir und Joghurt in vielen Variationen und in 4 Fettgehaltsstufen (Joghurt: mindestens 3,5 % Fett; fettarmer Joghurt: 1,5–1,8 % Fett; Sahnejoghurt: mindestens 10 % Fett).

Sahne

Auch Rahm, süße Sahne oder Schmant genannt, in Österreich Obers, in der Schweiz Nidel. Durch Zentrifugieren konzentrierte Milch mit mindestens 10 % Fettgehalt, Ausgangsprodukt der Butter- und Käseerzeugung. In der Küche vor allem zum Binden und Abrunden von Suppen und Saucen unersetzlich.

Schlagsahne
auch Schlagrahm oder Schlagobers genannt, entsteht durch das regelmäßige Schlagen frischer, stark gekühlter Sahne mit mindestens 30 % Fettgehalt. Schlagsahne bleibt steif, wenn man statt der bekannten Prise normalen Zucker etwas Puderzucker hineingibt. Sie wird dann auch nach stundenlangem Stehen nicht wieder flüssig.

Crème fraîche
ist eine saure, pasteurisierte Sahne, ähnlich dem abgeschöpften Rahm der Vorzugsmilch, also eine Doppelsahne. Sie hat einen leicht säuerlichen Geschmack und gibt allen Speisen, Suppen, Saucen, Gemüsen, Salaten und Nachspeisen die besondere Note. Crème fraîche enthält zwischen 30 und 38 % Fett.

Saure Sahne
ist in Milchsäuregärung übergegangene Sahne, die je nach Geschmack, wie auch süße Sahne, zum Verfeinern oder Binden von Suppen, Saucen und dergleichen verwendet wird.

Butter

Für die feine Küche unentbehrliche Zutat. Es gibt Süßrahm- und Sauerrahmbutter. Süßrahmbutter schmeckt milder, ähnlich wie Schlagsahne. Sauerrahmbutter hat durch die säuernden Bakterien einen frischen, nußartigen Geschmack. Butter ohne besondere Bezeichnung liegt im Geschmack zwischen den beiden Grundsorten. Nach den gesetzlichen Bestimmungen darf der Fettgehalt der Butter nicht unter 82 % liegen.
Butter enthält neben Eiweiß, Fett und Wasser Lecithin, Vitamin A und Karotin, Vitamin B_1, B_2 und E. Butter hat einen niedrigen Schmelzpunkt. Sie ist schon bei Körpertemperatur flüssig und dadurch besonders leicht verdaulich.

Butterschmalz
Butterschmalz ist das von Wasser und Eiweiß befreite Fett der Butter. Aus 250 g Butter gewinnt man 180 g reines Butterfett. Es

hat den Geschmack der Butter, verbrennt beim Braten aber nicht und eignet sich sehr gut zum Backen und Braten. Gibt es als Fertigprodukt. Bei Lagerung hält es wesentlich länger als Butter.

Mehlbutter
Eine Mischung aus frischer, weicher Butter und feinem Weizenmehl (1 EL Mehl wird mit 15 g weicher Butter verknetet) zum Binden von Gemüsen, Saucen, Suppen und Ragouts. Mehlbutter erst einrühren, wenn die Speise nicht mehr kocht.

Käse

»Ein Nachtisch ohne Käse gleicht einer einäugigen Schönen.«
(Brillat-Savarin)

Richtiger Umgang mit Käse

Wer Käse mag und ihn in seiner vollen Entfaltung genießen möchte, muß sich an folgende Spielregeln halten: Käse ist ein empfindliches Produkt. Er muß dementsprechend sorgfältig aufbewahrt werden, am besten in einem kühlen, zugfreien

Keller. Dort sollte der Käse auf einem Lattenrost liegen und in ein mit Wein befeuchtetes Tuch eingeschlagen werden. Wichtig ist, daß der Käse atmen kann, auch beim Einschlagen in Haushaltsfolie. Wer keinen Keller und keine Speisekammer hat, der sollte beachten:

- Nicht mehr Käse kaufen, als man in drei Tagen essen kann.
- Käse unter einer Käseglocke aufbewahren. Sie ist noch immer am besten. Oder man nimmt einen Steinguttopf und legt ein rundes Küchenbrett darauf. Der Käse darf nicht luftdicht abgedeckt sein.
- Weiße Käse (Speisequark, Rahmfrischkäse und alle Sauermilchkäse wie Harzer, Mainzer Handkäse usw.). können in geschlossener Packung im Gemüsefach des Kühlschranks aufbewahrt werden.
- Jeden Käse so rechtzeitig vor dem Verzehr aus dem Kühlschrank nehmen, daß er bei Genuß Zimmertemperatur hat.
- Zum Tieffrieren eignen sich nur frisch geriebene Käse: Emmentaler, Edamer oder Parmesan. Lagerzeit: nicht länger als drei Monate.

Bergkäse
Eine Art kleiner Emmentaler. Nur sind die Löcher kleiner, der Teig ist fester und dunkler. Im Geschmack ist Bergkäse würziger, kräftiger. Er wird in Deutschland nur im Allgäu hergestellt.

Brie
Ein Weichkäse in Tortenform (bzw. in »Tortenstücken«) mit weißem Edelschimmelüberzug, gelegentlich mit Gewürzen bestreut. Das Innere ist weiß bis rahmgelb, der Geschmack mild, aromatisch, säuerlich bis pikant.

Butterkäse
wird erst seit der ersten Hälfte dieses Jahrhunderts bei uns

hergestellt. Zuerst in Bayern, jetzt auch in Schleswig-Holstein. Butterkäse ist ein halbfester Schnittkäse und auch wie Schnittkäse gleichmäßig reif. Er kann eine dünne gelbliche Rinde haben, gewachst sein oder in Folie gereift. Die bayerischen Butterkäse haben einen glatten, elastischen Teig ohne Löcher mit sehr mildem Geschmack, die norddeutschen können kleine Schlitzlöcher – ähnlich wie Tilsiter – haben. Sie schmecken dann etwas pikanter. Butterkäse werden in runder Laib- oder in Brotform hergestellt.

»Liebe ist süß – schmeckt aber nur gut mit Brot.«
(Jüdisches Sprichwort)

Camembert
Eine der beliebtesten Käsesorten. Die besten Sorten stammen aus Frankreich und werden aus Rohmilch gemacht. In Deutschland wird Camembert aus pasteurisierter Milch unter Zugabe von Milchsäurebakterien und Schimmelpilzkulturen hergestellt. Das richtige Reifestadium ist beim Camembert entscheidend. Er sollte deshalb nicht zu warm aufbewahrt werden.
Eine köstliche bayerische Spezialität aus Camembert ist der »Obatzte«. Zutaten pro Person: 1/2 Camembert, der nicht zu frisch sein darf (für einen etwas kräftigeren Geschmack gibt man etwas Limburger oder Romadur hinzu, für milderen Geschmack Doppelrahmfrischkäse oder Quark), 1 kleingehackte Zwiebel, 1 EL Butter. Zutaten mit der Gabel zerdrücken und gründlich vermischen. Nach Geschmack geschroteten Pfeffer, Paprikapulver (edelsüß), Kümmel, 1 Eigelb, kleingehackte grüne oder rote frische Paprikaschoten dazugeben. Mit Brot zum Bier servieren.

Chester
Würzig-aromatischer Hartkäse von meist gelblicher, gelegentlich auch rotgelber Farbe. Er ist mit einer Wachsschicht überzogen. Zur vollen Reife bedarf es einer Lagerung bis zu 2 Jahren. Erhältlich in den Fettstufen »Vollfett« und »Rahm«. Ideal zu Austern.

Edamer
wird in Brotform oder als Kugel hergestellt. Ursprünglich war Edamer ein magerer Käse, der aus süßer Milch gemacht wurde, nachdem man sie zur Buttergewinnung teilentrahmt hatte. Mit seinem geringen Fettgehalt ist er für kalorienbewußte Esser geeignet. Der rote Wachsüberzug verlängert die Haltbarkeit. Edamer schmilzt gut und eignet sich deshalb nicht nur als Brotbelag, sondern auch für Käsetoast und als Reibkäse.

»Wie soll er und wie soll sie
sehnsuchtsvoll und unbeschwert
auf den leeren Magen lieben?
Nein, mein Freund, das ist verkehrt.«
(Bert Brecht)

Edelpilzkäse
Blauschimmelkäse, von dunkelgrünen oder blauen Schimmeladern durchzogen. Die Schnittfläche wirkt marmoriert. Teig: weiß, leicht krümelig, doch geschmeidig. Geschmack: pikant. Bekannteste Arten: französischer Roquefort und italienischer Gorgonzola. Sie sind für mich keinesfalls nur ein Brotaufstrich. Ich mische sie z. B. gern mit Sahne und fülle diese pikante Creme in halbierte geschälte Birnen. Als Krönung obenauf ein Teelöffel Johannisbeergelee – eine Delikatesse!

Emmentaler

Emmentaler darf nur aus Milch von Kühen hergestellt werden, die ausschließlich Weidegras oder Heu fressen. Die Löcher im Käse bilden sich im Gärkeller durch freiwerdendes Kohlendioxid, das durch die allmählich fester werdende Rinde nicht nach außen entweichen kann. Die Reifezeit beträgt zwischen drei und sechs Monaten. Geschmack: nußkernartig, mild, jung fast ein wenig süßlich, mit zunehmendem Alter kräftiger. Als Käse für viele Aufläufe gut geeignet.

Für einen Emmentaler Käse in der heute üblichen Größe von etwa 80 Kilogramm braucht man 1000 Liter Milch (und gewinnt dabei außerdem noch etwa 10 Kilogramm Butter). Anfang des vorigen Jahrhunderts führten Schweizer Einwanderer die Käserei nach Emmentaler Art im Allgäu ein, weil sie dort die gleichen geologischen und klimatischen Bedingungen wie im Kanton Bern vorfanden.

Esrom

In Laibform oder auch rechteckig, in Stanniol eingeschlagen. Teig: hellgelb, weich, schnittfähig. Viele unregelmäßig geformte Löcher in Reiskorngröße. Geschmack: leicht säuerlich, pikant.

Gaiskäsle

Es gibt eine orangefarbene und eine weiße Variante. Gaiskäsle werden aus einer Mischung von 60–80 % Ziegenmilch und 20–40 % pasteurisierter Kuhmilch hergestellt. Sie haben eine dünne, gelb- bis rotbraune Rinde. Der Teig ist weich und lehmgelb oder weiß und hat ein ausgeprägtes Aroma.

Geheimratskäse

Auch »kleiner Bruder des Edamer« genannt. Das Innere ist goldgelb, mattglänzend. Spärliche Lochung. Der Geschmack ist sehr mild und rein.

Gorgonzola
Siehe Edelpilzkäse.

Gouda
In Laib- oder Blockform mit trockener, dunkelgelber Rinde. Käseteig: buttergelb, mattglänzend. Erbsengroße, spärliche Lochung. Geschmack: rein, mild und leicht pikant. Je älter, um so pikanter.

Handkäs, Mainzer
Siehe Sauermilchkäse.

Harzer Käse
Siehe Sauermilchkäse.

Hopfenkäse
Regionale Spezialität aus der Gegend um Paderborn und Nieheim. Wird aus geronnener Milch gepreßt, nach dem Reifen mit Salz und Kümmel verknetet und in mit Hopfenblättern ausgelegten Behältern gelagert. Hopfenkäse ist so trocken, daß er gehobelt werden muß. Er wird inzwischen auch fabrikmäßig aus Sauermilchkäse hergestellt.

Hüttenkäse
Auch Hauskäse genannt. Der Teig dieses Frischkäses ist weiß und besteht aus gleichmäßig geformten, weichen Bruchkörnern. Der Geschmack ist angenehm säuerlich.

Kochkäse
Durch Erhitzen zum Schmelzen gebrachter, gereifter Sauermilchquark. Kochkäse kommt in Kunststoffbehältern und Metalldosen verschiedener Größen und Gewichte in den Handel. Er ist gelblich bis gelbbräunlich und gut streichfähig. Es

gibt ihn in verschiedenen Fettstufen, von der Mager- bis zur Doppelrahmstufe. Zur Geschmacksverbesserung werden während des Kochvorgangs Butter, Butterschmalz oder Sahne bzw. Salz und Zucker zugesetzt. Kochkäse gibt es mit den verschiedensten Kräutern und Gewürzen. Sie geben ihm seine unterschiedlichen Geschmacksnoten.

Limburger
Ursprünglich aus Belgien stammend. Es gibt laib- und blockförmigen Limburger in verschiedenen Größen, meist in Stangenform im Gewicht von etwa 500 g. Er ist kompliziert herzustellen. Nach dem Einlegen in ein Salzbad beträgt die Reifezeit drei bis vier Wochen. Der Käse soll dann eine gelbbraune, rindenlose Oberfläche aufweisen, der Teig ist weiß bis gelblich und im Inneren sehr weich. Limburger mit niedrigem Fettgehalt sind fester und werden nach der vierwöchigen Reifeperiode sehr scharf im Geschmack. Limburger Frühstückskäse ist klein und rund, reift in der Verpackung und kann fast frisch oder nach ganz kurzer Zeit gegessen werden.. Er schmeckt besonders gut mit Schweineschmalz auf Graubrot.

Munster (Münster)
Einer der ältesten Rotschmiere-Käse. Aus dem 19. Jahrhundert existieren Aufzeichnungen über Weideauftrieb und Milchwirtschaft auf den Hochalmen der Vogesen im elsässischen Fechttal, nach einer Klostergründung auch Münstertal genannt.

Olmützer Quargel
Siehe Sauermilchkäse.

Parmesan
Berühmter italienischer Hartkäse, der meist gerieben verwendet wird. Er darf nur in bestimmten Gegenden der Provinz Par-

ma hergestellt werden, muß 2–3 Jahre reifen und enthält 42 % Fett in der Trockenmasse. Eine ganz große Delikatesse ist das etwas feuchte Herzstück eines frisch angeschnittenen Parmesankäses, das italienische Feinschmecker als »cuore di parmigiano« in Verzückung geraten läßt. Ich biete es in kleinen Brocken als Snack zum Wein oder als erlesenes Dessert zu frischen Früchten an.

Pecorino
Italienischer Schafsmilch-Hartkäse aus der Romagna. Wie der Parmesan wird er vorwiegend gerieben zum Würzen von Speisen verwendet. Sein schärferer Verwandter, der Pecorino sardo aus Sardinien, wird in kleinen Stücken in Olivenöl eingelegt.

Romadur
Ursprünglich aus Belgien stammend, gehört der kräftige Romadur inzwischen zu den beliebtesten deutschen Käsen. In der Herstellung und im Geschmack ist er dem Limburger ähnlich. Romadur wird ebenfalls in Stangenform hergestellt, aber in mehreren Fettstufen (30 %, 40 %, 50 %). Der glatte, elastische Teig unter der rötlichen Haut hat einen weißen, härteren Kern, wenn der Romadur noch nicht ganz durchgereift ist. Paßt gut zu Vollkornbrot. Man trinkt dazu Bier.

Roquefort
Siehe Edelpilzkäse.

Sauermilchkäse
Dazu gehören: Harzer, Mainzer Handkäse, Korbkäse, Bauernkäse, Olmützer Quargel, Stangen- oder Schimmelkäse. In Hessen, Niedersachsen und Mitteldeutschland gibt es heute noch viele Sauermilchkäsereien. Sie verarbeiten Sauermilchquark, zu dessen Herstellung man – anders als bei Speisequark – nur

eine Bakterienkultur, aber kein Lab verwendet. Die Käselaibchen, je nach Sorte klein oder größer, rund oder länglich, manchmal auch viereckig, reifen dann in wenigen Tagen, zuerst in einem Schwitzraum, dann in kühleren Kellern. Wenn sie halb durch sind, also noch einen ziemlich großen weißen Kern haben, werden sie in Zellglas verpackt und versandt, damit die Verbraucher sie nach Belieben entweder mit Kern oder ganz bernsteinfarben durchgereift verzehren können. Überreifer Käse riecht penetrant. Deshalb muß Sauermilchkäse im Kühlschrank aufbewahrt werden.

Harzer Käse: Sauermilchkäse in kleinen Laibchen bis zu 40 g. Harzer gibt es nur in der Magerstufe, das heißt, mit weniger als 10 % Fett i. Tr. Varianten: Harzer mit Kümmel, Harzer mit Rotkultur (rötliche, leicht klebrige Oberfläche), Harzer mit Weißschimmel (leicht gelbliches, geschmeidig-festes Inneres). Schimmelkäse wird im Harz und anderen Berggebieten hergestellt.
Alle Harzer schmecken leicht pikant, bei fortgeschrittener Reife sehr pikant. Sie sind, wie jeder Magermilchkäse, reich an Protein, aber nur begrenzt haltbar und sollten bald verbraucht werden. Harzer muß, im Gegensatz zu anderem Käse, im Kühlschrank aufbewahrt werden. Ideal mit Gänseschmalz auf Schwarzbrot oder Pumpernickel.

Mainzer Handkäs: Sauermilchkäse, ähnlich dem Harzer, mit goldgelber bis rötlich-brauner, leicht klebriger Oberfläche. Geschmeidig-fester Teig. Geschmack: mild-aromatisch bis leicht pikant.

Olmützer Quargel: Sauermilchkäse. Wird nur als »Gelbkäse« und in der Magermilchstufe hergestellt. Eigenschaft und Geschmack sind dem Harzer ähnlich, der Teig ist jedoch etwas fester. Ideal mit Pumpernickel und gesalzener Butter oder Gänseschmalz.

Stäbchen-Bauernhandkäse
wird als »Gelbkäse« ähnlich dem Harzer und als »Edelschimmelkäse« erzeugt. Als Schimmelkäse ist er gleichmäßig mit Camembert-Schimmel bedeckt. Geschmack: mild-aromatisch bis leicht pikant.

Steinbuscher
wurde zuerst im vorigen Jahrhundert auf dem Gut Steinbusch im Kreis Arnswalde (Neumark) hergestellt. Geschmacklich zwischen Romadur und Münsterkäse. Strohgelb, halbfest mit rötlicher Schmiere, pikant und haltbarer als Limburger oder Romadur. Heute wird er im Allgäu und in Niedersachsen (Lehrte) erzeugt, meist dreiviertelfett (30 % Fett i.Tr.) oder vollfett (45 % Fett i.Tr.). Ideal auf frischen Brötchen oder Roggensemmeln.

Steppenkäse
hat über 45 % Fett i.Tr. und wenige erbsengroße Löcher im glatten Teig. Er schmeckt etwas pikanter als Trappistenkäse (siehe dort), allerdings gibt es je nach Herkunft große Geschmacksunterschiede.

Tilsiter
wurde um 1840 über die Grenzen seines Herstellungsgebietes hinaus bekannt, und zwar durch Frau Westphal, die Besitzerin der Molkerei »Milchbude« in der Nähe von Tilsit. Sie stellte Tilsiter besonders fein und gleichmäßig her. Früher mußte Tilsiter mindestens 5 Monate reifen. Heute hat Tilsiter mindestens 30 % Fett i.Tr. und oft nicht mehr die charakteristische, rotbraune, etwas feuchte, schmierig wirkende Rinde, sondern

wird in kürzerer Zeit und in Folie gereift. Herstellung in Schleswig-Holstein und im Allgäu. Tilsiter ist auch mit Kümmelzusatz im Handel.

Trappistenkäse
wurde ursprünglich von Mönchen im Kloster Notre-Dame de Port-du-Salut in Frankreich hergestellt. Die Trappistenmönche verbreiteten das Käserezept zusammen mit ihrer Missionstätigkeit in ganz Europa. Heute wird er – außer in Deutschland – in vielen Ländern und in verschiedenen Formen hergestellt. Trappistenkäse ist ein mild-aromatisches Produkt mit einem Fettgehalt von über 45 % i.Tr., in runder Laib- oder länglicher Brotform, mit gelblicher Rinde oder rindenlos in Folie gereift. Schnittfest mit reichlicher, runder bis schlitzförmiger Lochung. Geschmack: angenehm mild.

Weinkäse
Kleine, runde Portionskäse im Gewicht von etwa 75 g, mit blaßgelber bis rötlicher Oberfläche und einem rahmigen, milden Teig, neuerdings auch mit Pfeffer und Kümmel.

Weißlacker
Vor hundert Jahren wurde er von den Brüdern Josef und Anton Kramer in Wertach im Allgäu erfunden. Sie versuchten Allgäuer Limburger haltbarer zu machen. Das Ergebnis ihrer Bemühungen war der »Weißlacker«, so genannt, weil den rindenlosen Käse eine glänzende, feuchte und farblose »Schmiere« umgibt. Geschmack und Konsistenz: Der würfelförmige Käse (15 cm oder abgepackt in 5-cm-Miniwürfeln) hat einen leicht bröckeligen weißen Teig mit wenigen, unregelmäßigen Löchern. Mit zunehmendem Alter (bis zu neun Monaten) wird er glatter, gelblicher und milder. Er hat 45% Fett i.Tr.

Tips rund um den Käse

Falls einmal Parmesan oder Pecorino ausgegangen sind und ich für einen Auflauf Reibekäse brauche, geht's zur Not auch mit beliebig weichem Schnittkäse. Ich lege ihn einfach vorher ins Gefrierfach, dann läßt sich auch weicher Käse gut reiben.

Soll es Käsefondue geben, vergessen Sie nie, die Fondueschüssel vorher ordentlich mit Knoblauch auszureiben, falls Sie nicht ohnehin gehackte Knoblauchzehen in den Käse geben. Der Knofel macht alles viel bekömmlicher.

Zu meiner Sauce »Salsa ai quattro formaggi« nehme ich am liebsten folgende italienische Käse: Grana padano, Grana trentino und Parmigiano sowie einen aus Kuhmilch hergestellten Weichkäse. Falls erhältlich, Italico, sonst geht auch Mozzarella.

Meine Käsereibe pinsele ich vor jeder Aktion leicht mit Öl ein, weil sie sich danach problemlos säubern läßt.

»Guter Schafskäse ist mir lieber
als ein trockener Gansflügel.«

Schafskäse läßt sich prima einfrieren und hält so zwei bis drei Monate. Der Tip zum Auftauen: Den Käse in Milch legen, dann schmeckt er angenehm mild und bleibt schön saftig.

Warum die Käsehersteller nicht eine allgemein verständliche Angabe über den Fettgehalt ihrer Produkte machen, ist mir unverständlich. Die tägliche Irreführung sieht so aus: »... %

Fett i.Tr.« auf abgepacktem Käse bedeutet »Fett in der Trockenmasse«. Da Käse aber zu einem großen Teil aus Flüssigkeit besteht, führen diese Prozentangaben zu Mißverständnissen. So enthalten auf 100 g z. B. Camembert trotz der Angabe »30% Fett i.Tr.« nur 11,5 g Milchfett und selbst Parmesan, ein Reibekäse mit hohem Anteil Trockenmasse, trotz der Angabe »42% Fett i.Tr.« nur 25 g Milchfett.

Der teuerste Käse der Welt ist Frankreichs La Barratte, Cheshire gilt als ältester englischer Käse, und ein Cheddar war der größte bekannte Käse: 4,4 m lang, 1,9 m breit, 1,8 m hoch und 17,5 Tonnen schwer.

Obst und Trockenfrüchte

Rund um den Apfel

Was die Vielfalt der Apfelsorten anlangt, sind wir ärmer geworden. Obwohl die klassischen Apfel-Anbaugebiete Deutschlands im Alten Land, am Nordrhein, im Neckartal, an der Bergstraße und am Bodensee noch immer im Frühling das Land mit einem rosa Blütenflor überziehen, haben sich die Sorten auf ein rundes Dutzend reduziert. Dafür gibt es zwei Gründe:

– Die Streuobst-Wiesen, die früher jeden Bauernhof umgaben und das Bild deutscher Landschaft prägten, fielen entweder der Flurbereinigung oder der Intensivbewirtschaftung zum

Opfer. Apfelbäume auf Grünland störten den Einsatz der Trecker und Maschinen. Noch 1970 zahlte die EG Prämien für das Abholzen hochstämmiger Apfelbäume, und der ADAC wünschte sich baumfreie Landstraßen.

– Der Verbraucher verlangt fleckenlose Bilderbuchäpfel. Er zog den grünen Granny Smith aus Chile, Italien und Südafrika, den dunkelroten Red Delicious aus Argentinien und Neuseeland den aromatischeren deutschen Sorten wie Alkmene, Boskoop, Cox Orange und Elstar vor.

Im Apfel sind Kohlenhydrate in Form von leicht löslichem Fruchtzucker enthalten. Der Körper verwandelt sie sofort in Energie. In 100 g ungeschältem Apfelfleisch sind enthalten:

Wasser	85,3 g
Eiweiß	0,34 g
Fett	0,4 g
Kohlenhydrate	2,6 g
Rohfaser	1,0 g
Mineralstoffe	0,32 g
Vitamin B_1	0,035 mg
Vitamin B_2	0,032 mg
Nicotinamid	0,10 mg
Vitamin C	12,0 mg

Der Geschmack von Äpfeln verträgt sich besonders gut mit exotischen Gewürzen. Vanille, Ingwer, Muskat, Kardamom, Zimt und Nelken heben das Apfelaroma angenehm hervor und verleihen dem jeweiligen Gericht eine satte Geschmacksfülle. Saft und geriebene Schale einer unbehandelten Zitrone helfen nach, wenn der Apfel wenig eigene Säure hat. Frischer Orangensaft und Wein eignen sich ebenfalls zum Abrunden.

Äpfel halten sich in einem kühlen und gut durchlüfteten Keller meist zwei bis drei Monate lang knackig frisch. Dünne und gut verschlossene Polyethylenbeutel (darin werden Äpfel oft verkauft) eignen sich ebenfalls zum Aufbewahren: Das Klima in den Beuteln verlangsamt den Reifeprozeß. Die Lagertemperatur sollte nicht über 8 Grad liegen.

Ein Tip: Wer zum Beispiel Ente mit Äpfeln im Ofen schmort, sollte statt Wasser oder Brühe etwas Cidre angießen – die Flüssigkeit kocht dann zu einem aromatischen Fond ein.

Geschälte Früchte für Obstsalat oder Desserts mit etwas Sirup aus Zucker und Wasser übergießen. Noch nach Stunden sehen sie wie eben geschält aus, und ihr Aroma bleibt voll erhalten.

Apfelkompott ist sehr wandlungsfähig. Ich gebe je nach Laune mal eine Quitte geschnitten dazu, mal Zimt oder Zitrone oder einen Schuß Weißwein und ein Stück Vanilleschote.

Der früheste deutsche Apfel, der Klarapfel, der schon im August reif ist, hat wegen kürzerer Haltbarkeit beim Handel keine große Marktchance mehr. Dabei liefert er von allen Sorten das beste Apfelmus. Das ganze Haus duftet wie ein wundervoller Apfel, wenn auch noch nach zehn Monaten das tiefgekühlte Mus wieder aufgetaut wird.

Ein Trick, der mir schon oft geholfen hat, harte Pfirsiche oder unreife Birnen schnell nachreifen zu lassen: Man steckt die Früchte zusammen mit einem reifen Apfel in eine große papierene Obsttüte und legt sie an einen schattigen kühlen Platz. Die geschlossene Tüte mit einer Nadel an einigen Stellen einstechen. Der reife Apfel entwickelt Ethylen, ein Gas, das den Reifeprozeß der anderen Früchte enorm beschleunigt.

Rund um die Birne

Zwar haben Birnen in der gehobenen Küche längst ihren festen Platz, aber die meisten Früchte werden immer noch roh verzehrt. Außerdem eignen sie sich hervorragend zur Herstellung von Konserven, Kompott, Dörrobst und vergorenen Säften (Most) sowie zum Brennen hochwertiger Obstwässer. Dafür nimmt man vorzugsweise die Williams Christbirne, da sie über das mit Abstand beste Aroma verfügt.

Birnen eignen sich aufgrund ihres relativ hohen Zuckergehalts und des geringen Säureanteils kaum für längere Lagerung. Gut haltbare Wintersorten sind auf dem Markt kaum erhältlich. Die Sorten Kaiser Alexander, die Köstliche von Charneux und Alexander Lucas sind besonders haltbar – sie sollten beim Kauf noch nicht ganz reif sein. Tip zum Lagern: Reife Früchte immer sofort aussortieren.

Nicht jede Birnensorte eignet sich gleich gut für verschiedene Zubereitungen. So empfiehlt sich für ein Kompott oder zu Wildgerichten Clapps Liebling, Kaiser Alexander, die Köstliche von Charneux oder die Williams Christ. Für das Dessert »Birne Helene« greift man besser zur Guten Luise, die auch zu geräuchertem Fleisch und Bohnen paßt.

Wissenswertes aus dem Obstgarten

Ein Pfund Zitronen enthält mehr Zucker als ein Pfund Erdbeeren.

Hagebutten und Sanddorn – wer hätte das gedacht – enthalten mehr Vitamin C als Zitronen.

Benötige ich nur einen Spritzer Zitronensaft, steche ich die Frucht mit einem Zahnstocher an und presse sie. Das ist vollkommen ausreichend, und die Zitrone trocknet nicht nach dem Zerschneiden im Kühlschrank vor sich hin.

Wer als Neuling mit der Anlage eines Küchen- und Obstgartens beginnt, dem fehlt quantitative Phantasie. In den Prospekten der Gärtnereien steht nur poetisches Wortgeklingel wie: »reichlich tragend«, »dankbarer Blüher« oder »schöner Fruchtbehang«. Nichts da von der prosaischen Wirklichkeit in Kilo- oder gar Zentnerangaben, vor denen man ratlos steht, wenn aus den jugendlichen Pflanzen, dem brusthohen Pflaumenbäumchen, richtige Erwachsene geworden sind. »Hier noch ein Haselnüßchen, dort können noch zwei Stachelbeersträucher hin, wir haben ja gar keinen von diesen wunderbaren Cox Orange, und auf Aprikosen und Quitten sollen wir wohl ganz verzichten?« So entsteht peu à peu ein Schneebrett, das eines Tages als vegetabile Lawine den Unkundigen überrollt.

Wenn ich frische Walnüsse im Ganzen brauche (etwa zum Kandieren), bekomme ich sie durch einen Trick unbeschädigt aus der Schale: Ich lege die Nüsse für 24 Stunden in lauwarmes Wasser. Wenn ich sie dann knacke, bleiben die Kerne heil.

Trockenfrüchte

Enthalten nur noch 16–30 % Wasser der frischen Frucht und weniger Vitamine, Fermente und Aromastoffe. Der Anteil an reinen Nährwerten dagegen nimmt, dem Wasserentzug entsprechend, zu. Trockenfrüchte sind luftig und trocken aufzubewahren, dürfen aber nicht weiter austrocknen, da sie sonst brüchig werden. Trockenobst, das zur Erhaltung der Farbe mit Schwefeldioxid behandelt wurde, ist durch die Angabe »geschwefelt« gekennzeichnet.

Äpfel
ziehen Feuchtigkeit an und können deshalb nicht so lange gelagert werden wie anderes Trockenobst.

Aprikosen
eignen sich zum Backen, als Kompott oder zu Fleischsaucen.

Bananen
werden geschält und im Ganzen, in Scheiben oder in Längsstreifen getrocknet.

Birnen
Die bevorzugte Sorte ist die Bartlett-Birne. Die Früchte werden halbiert, geschwefelt und sonnengetrocknet. Getrocknete Birnen werden vor allem zum Backen verwendet.

Korinthen, Rosinen und Sultaninen
sind verschiedene Arten getrockneter Trauben: Korinthen, nach der griechischen »Korinth«-Traube benannt, sind klein und kernlos; Rosinen und Sultaninen sind große, saftige, kernlose Trauben, letztere aus der mit der spanischen Muskatellertraube verwandten Sultana-Traube.

Pflaumen
Die ganzen Früchte werden getrocknet. Dörrpflaumen können für Kuchen, Pudding, Saucen und als Füllung für Klöße und Fettgebackenes verwendet werden. Auch konserviert oder in Weinbrand oder Essig eingelegt sind sie beliebt.
Wenn ich für ein Rezept eingeweichte Backpflaumen brauche, lege ich sie nie in Wasser, sondern immer in schwarzen Tee ein. Dadurch wird das Aroma phantastisch intensiv.

Exotische Früchte

Ananas
Nicht frisch für Süßspeisen mit Gelatine verwenden, da die Frucht Enzyme enthält, die das Gelieren verhindern. Statt dessen Ananas aus der Dose nehmen oder frische Ananas dünsten.

Annone
Frucht des tropischen Annonenbaums. Die apfel- bis kokosnußgroße, ananas- oder pinienzapfenförmige Frucht schmeckt süß und sahnig, oft etwas nach Zimt.

Avocado
Nahrhafte, besonders fettreiche Tropenfrucht mit grüner Schale (oder narbiger schwarzer Schale, je nach Sorte), kann als

Salat oder Suppe, als Vorspeise mit Füllung und als süße oder pikante Creme gereicht werden. Avocados, die zu Püree verarbeitet werden, behalten ihre Farbe, wenn etwas Zitronensaft untergerührt wird und man den großen Avocadokern bis zum Servieren im Püree liegenläßt.
Es gibt so manche schöne Tests, um die Frische von Früchten festzustellen. Leider sind die Händler auf dem Markt von der Anwendung meist nicht begeistert. Oder würden Sie sich trauen, mit einem Zahnstocher am Stielende in eine Avocado zu stechen, um zu prüfen, ob sie den richtigen Reifegrad hat? Ich wende diesen todsicheren Test nur an, wenn gerade mal keiner hinguckt.

Bananen
Nur ein Fünftel der Weltproduktion sind Obstbananen. Phosphor, Magnesium, Kupfer, Eisen und die Vitamine A, B und C machen den großen Nährwert der Banane aus. Mehl- oder Gemüsebananen sind nur gekocht genießbar.

Datteln
Pflaumenartige Beerenfrüchte der Dattelpalme. Die Dattelpalme liefert durchschnittlich 50 kg Früchte im Jahr. Die rotbraunen, zuckerreichen Datteln schmecken angenehm honigartig. Sie sollen dick, prall und weich sein. Datteln kommen getrocknet in den Handel.
Ein exklusives Dessert sind gefüllte Datteln. Datteln einschneiden, entkernen und mit mit Sahne gemischtem Frischkäse füllen.

Eßkastanien
Keine Angst vor der Zubereitung, es ist ganz einfach: Man schneidet die Früchte an der flachen Seite mit einem Schälmesser kreuzweise ein und läßt sie ca. 10 Minuten mit Wasser

bedeckt kochen. Nach dem Abgießen lassen sich Schale und Haut mit dem Messer entfernen. Eßkastanien gibt es in guter Qualität auch als Konserve. Sie sind schon geschält!

Feige
Familie der Maulbeergewächse. Feigen werden frisch oder getrocknet verwendet.

Granatapfel
Etwa apfelgroß, abstehender Blütenkelch, lederartige, gelbe bis rote Schale, Frucht in Kammern unterteilt mit vielen vierkantigen Samen. Aus Granatäpfeln wird Grenadine-Sirup zum Würzen von Drinks und Süßspeisen hergestellt.

Kaki
Kakis sind tomatenförmig. Sie haben eine dünne gelbe oder orangerote Schale, geleeartiges, in Fächer geteiltes Fruchtfleisch; Geschmack aprikosenähnlich.

Kaktusfeige
Kaktusfeigen sind hühnereigroß oder größer; gelbgrün, rosa bis rot; Schale mit warzenartigen Erhebungen, auf denen die feinen Stacheln sitzen. Nur mit Handschuhen schälen! Orangerotes süßes Fruchtfleisch.

Kapstachelbeere
Auch eßbare Judaskirsche, Physaliskirsche, Goldbeere, Erdkirsche, Ananaskirsche, Tomatillo genannt. Geschmack: angenehm säuerlich erfrischend.

Kiwi
Auch Chinesische Stachelbeere genannt. Kiwis sind oval-länglich; etwa 4,5–7 cm lang. Grünlichbraune, haarige Schale,

Fruchtfleisch grün, um die Mitte herum strahlenförmig gewachsen, kleine, schwarze, weiche Kerne; sehr saftig, feiner, süß-säuerlicher Geschmack. Sehr gut im Obstsalat.

Litschi
Etwa 3,5–5 cm lang. Der schwarze Kern ist von saftigem, geleeartigem gelblichem Fleisch umgeben; süßwürziger, an Muskat erinnernder Geschmack. Wird meist als Konserve angeboten. Klassisches Kompott in der Chinaküche.

Loquat (Mispel)
Etwa 3–8 cm lange kreiselförmige Steinfrucht, blaßgelbe bis tieforangefarbene, wollig behaarte Schale, aprikosenfarbiges Fruchtfleisch mit Steinkernen. Süß mit leichter Säure. Wird als Frucht gegessen.

Mango
Zahllose verschiedene Sorten und Formen von rund bis nierenförmig, grüne, gelbe oder orangefarbene bis dunkelrote, lederartige Schale, leuchtendgelbes Fruchtfleisch, innen flacher Stein, der fest mit dem Fruchtfleisch verwachsen ist; saftig süß, zugleich herb mit pikantem, intensivem Aroma. Hervorragend geeignet als Zutat im Obstsalat oder als Chutney zu kalten Braten oder asiatischen Geflügelgerichten.
Mangos gehören zu den gesunden Genüssen, sind reich an Kalium und Magnesium, enthalten von allen Früchten das meiste Provitamin A und ebensoviel Vitamin C wie Zitronen. Einziger Nachteil der Früchte: Ihr Saft, und davon haben sie reichlich, hinterläßt ganz üble Flecken.

Melonen
Beim Kauf von Netzmelonen kann mich nichts und niemand von diesem Test abhalten: Schauen, Schütteln, Riechen, Tasten.

Die Farbe darf gelbgrün bis blaßgelb sein – nicht aber grün. Bei der reifen Melone hört man innen die Samen rasseln. Der »Bauchnabel« der Frucht sollte etwas weich sein. Ist die ganze Melone richtig weich, ist das ein Zeichen von Überreife.
Bei Wassermelonen: Mit Daumen und Mittelfinger auf die Frucht schnalzen. Klingt sie hell und macht »ping«, ist sie unreif. »Pong« dagegen bedeutet gut und reif. Sie können auch mit grüner Schale reif sein.

Papaya
Etwa 10–15 cm lang, birnenförmig; unzählige pfefferkörnerartige Kerne; dünne, glatte, gerippte Schale von gelbgrün gesprenkelt bis tief orangefarben; gelbes bis lachsrotes Fruchtfleisch; süß, sehr saftig. Sehr gut als Vorspeise mit Parmaschinken.

Passionsfrucht
Auch Grenadille, Granadille genannt. Etwa 7–8 cm lang, oval; gelbe bis orangefarbene dicke, glatte Schale. Angenehmer Geschmack mit leichter Säure.

Alkoholisches

»Schade, daß man einen Wein nicht streicheln kann.«

(Kurt Tucholsky)

»Der Weinstock trägt drei Trauben, die erste bringt die Sinnenlust, die zweite den Rausch, die dritte das Verbrechen«, schreibt Epiktet, ein römischer Stoiker griechischer Herkunft, während Plato, dem Trinken eher abhold, immerhin zugestand: »Vergebens klopft an die Pforten der Poesie, wer ganz nüchtern und bei sich selbst ist.« Solche Sprüche sollte man stets parat haben, wenn man seinen Gästen einen guten Wein einschenkt.

Nun wollen sie mir auch noch beim Wein die ach so praktischen Alternativverschlüsse, Kronkorken oder Schraubverschluß, aufschwatzen. Das Argument: Guter Kork wird immer teurer, und Billigkork verursacht Schimmel, Korkgeschmack und undichte Flaschen. Also: Ehe ich auf mein gewohntes Plopp beim Öffnen einer Weinflasche verzichte, trinke ich lieber Mineralwasser.

Lecker, aber wenig bekannt, sind in Bierteig ausgebackene Kräuter als kleiner Snack zum Wein.

»Besser, der Arsch leidet Frost, als der Hals Durst.«

Das werde ich jetzt öfter mal machen: zu Geflügel, Kalbfleisch oder Schalengetier helle Bordeaux-Weine aus Loupiac, Cadillac und Sainte Croix-du-Mont einschenken – die sind hier noch wenig bekannt. Die jüngeren Jahrgänge sind preisgünstig und bieten sich geradezu an für kulinarische Experimente.

Während ich eine Flasche Chassagne-Montrachet »Clos de la Boudriotte« von der Côte d'Or öffne, genüßlich ein Gläschen trinke und mich versonnen am langen Abgang des leuchtenden Burgunders erfreue, fällt mir der Witz von dem Amerikaner ein, der gesagt haben soll: »Die Franzosen sind so stolz auf ihre Weine, daß sie bestimmte Gegenden nach dem Wein benennen.«

»Wein und Weiber sind auf Erden
aller Weisen Hochgenuß,
denn sie lassen selig werden,
ohne daß man sterben muß.«
(Wirtshausinschrift in Meran)

Wein zum Verfeinern edler Saucen sollte genauso gut sein wie der, den man anschließend zum Essen trinkt. Sogenannter billiger Kochwein ist für eine feine Zunge eine Beleidigung. Auf jeden Fall muß der Wein – bevor er sich mit der Sauce vermählt – reduziert, d. h. in einem weiten Topf ohne Deckel auf ein Drittel seines Volumens eingedampft werden. Auf die so entstehende Aroma-Essenz kommt es an. Das gilt für Rot- und körperreiche Weißweine gleichermaßen. Ausnahme: Der Wein als Zutat zum Sud (für Fisch oder Spargel) – da geht es von der Flasche direkt in die Kochflüssigkeit.

Eines müssen Prosecco-Freunde wissen: In der Flasche findet keine Qualitätssteigerung mehr statt. Älter als ein Jahr sollte der Prosecco nicht werden.

Eben in der Champagne bei einem Moët & Chandon-Seminar gelernt: Beim ersten Schluck Champagner nicht nippen, sondern kippen (einen kräftigen Schluck nehmen).

Die edlen Jahrgangschampagner entwickeln sich in der Magnumflasche noch besser als in der üblichen Dreiviertelliterflasche. Beides beim Kochen ausprobiert – es stimmt. (Eine teure Erfahrung.) Apropos: Fürs Champagnerkraut immer erst ganz zum Schluß das Sauerkraut mit dem nicht zu kalten Getränk übergießen.

Entgegen allen Theorien – auch den neuesten amerikanisch-französischen –, wonach Dekantieren überflüssig sei, steht fest, daß alle Bordeaux-Weine durch Dekantieren gewinnen. Bei vielen Burgundern genügt es, daß sie einige Zeit vor dem Genuß entkorkt werden. Dennoch nimmt auch ein älterer Burgunder das »Sauerstoffbad« nicht übel.
Beim Dekantieren ist zu beachten: Den Wein sorgfältig von

der Flasche in die Karaffe gießen, damit das Depot (Rückstände) in der Flasche zurückbleibt. Der Strahl in die Karaffe soll etwa 50 cm lang sein. Durch den Luftsauerstoff wird der Wein aufgefrischt und entfaltet sein volles Bukett.

Sehr alte Bordeaux-Weine (60 Jahre und älter) 1–2 Tage in der geöffneten Flasche stehenlassen, damit das Depot in Ruhe zu Boden sinken kann. Dann 5 Stunden vor dem Genuß dekantieren. In diesem hohen Alter ist die Sauerstoffzufuhr besonders wichtig, da auch die besten Gewächse zur Müdigkeit neigen. Ältere Jahrgänge (30–50 Jahre) erst kurz vor dem Trinken dekantieren. Mittlere Jahrgänge (10–20 Jahre) 2–3 Stunden vor dem Genuß umgießen.

Das Geheimnis des Portweins besteht in der Avinierung – einem Zusatz von 76%igem Weingeist –, der die Gärung des Mostes unterbricht. Während der jahre- oder jahrzehntelangen Lagerung in Eichenfässern in den Kellern der Stadt Porto findet im Faß ein langsamer Oxidationsprozeß statt, bei dem sich Weingeist und Traubenmost durchdringen. Schließlich kommt der Port mit einem Alkoholgehalt von etwa 20% in die Flasche.

»Kuß, Freudenmahl und Becherklang
entweihen keinen frommen Sang.«
(Gottfried August Bürger)

Eine der ganz großen kulinarischen Sensationen dieser Welt kann der Feinschmecker in Porto erleben: Die ohnehin schon köstlichen portugiesischen Walnüsse werden dort zu einem unerhörten Genuß gesteigert, indem man sie in kleine Stückchen bricht und in eine aufgeschlitzte getrocknete Feige stopft. Dazu ein Glas des erlesenen gelb-braunen Portweins aus den Kellern dieser Stadt – unvergeßlich!

Weißer Port wird kalt, roter dagegen bei etwa 15 Grad getrunken. Wenn Gastgeber Sherry anbieten, sollten sie wissen, bei welcher Temperatur er genießbar ist. Regel: Je heller und trockener, desto kühler. Finos und Manzanillas werden im Kühlschrank aufbewahrt und sehr kalt serviert. Amontillados und Olorosos können leicht gekühlt getrunken werden. Wer alten Damen eine Freude machen will, serviert den süßen Cream Sherry mit Zimmertemperatur.

Wer einen wirklich alten Portwein im Hause hat, sollte wissen: Beim Dekantieren ist größte Sorgfalt geboten. Denn je älter der Port, um so größer das Depot (Bodensatz). Ein dreifingerbreiter Rest muß deshalb leider ungetrunken in der Flasche bleiben.

»Ob ich morgen leben werde,
weiß ich freilich nicht:
Aber, wenn ich morgen lebe,
daß ich morgen trinken werde,
weiß ich ganz gewiß.«
(G. E. Lessing)

Eine »Bienenschaukel« nennt man ein sehr dünnes, auf dem Wein schwimmendes Häutchen, das bei alten Portweinen vorkommt. Alter Port läßt sich – einmal entkorkt – in einer ganz bis obenhin gefüllten, verschlossenen Karaffe ohne Geschmacksverlust höchstens 24 Stunden aufheben. Danach baut er ab.

Was niemals kochen darf: Punsch oder Glühwein. Sobald sich weißer Schaum auf der Oberfläche bildet, gieße ich das Getränk in die Gläser, in denen zur Hitzeableitung ein Silberlöffel steht.

Flambieren ist, von Crêpes Suzette abgesehen, an sich schon fragwürdig. Mit Wodka ist es geradezu idiotisch. Wenn schon, muß es ein gebranntes Wässerchen mit ausgeprägtem Aroma sein.

Bei kulinarischen Bezeichnungen haben die Italiener einfach den Bogen raus. So wortreich sie auch sonst sein mögen, beim Essen und Trinken treffen sie's genau auf den Punkt. Darauf, einen Kaffee mit einem Schuß Alkohol (Grappa oder Kirsch) schlicht »caffè corretto« zu nennen, muß man erst mal kommen.

V.S.O.P. – dieses Gütesiegel für Cognac mit einer Lagerzeit von mindestens sechs Jahren kennen zwar die meisten, aber die Bedeutung nur wenige: Very Superior Old Pale.

Natürlich bin ich mir klar über die Schäden, die der Alkohol anrichten kann. Leute, die Wein schlechthin als »Alkohol« bezeichnen, sagen aber wahrscheinlich auch zu ihrer Geliebten »mein Wirbeltier".

Small-talk-Besucher, die ungebeten hereinschauen, fordern es geradezu heraus: Für sie mixe ich »Tod am Nachmittag«, angeblich Hemingways Lieblingsdrink. Einfach das Rezept, nachhaltig die Wirkung: 4 cl Pernod oder Ricard in einen Sektkelch geben und mit eiskaltem Schampus auffüllen. Schon nach dem zweiten Glas macht der Drink seinem Namen alle Ehre.

Die gräßliche langsame Verdünnung einer Bloody Mary durch im Glas tauende Eiswürfel gehört der Vergangenheit an. Ein kleiner Vorrat von Tomatensaft-Eiswürfeln im Kühlschrank macht's möglich. Die kommen ins Longdrinkglas, Wodka drüber und einmal die Pfeffermühle drehen. Der erste Schluck ist genauso intensiv wie der letzte.

So groß kann der Durst beim Cocktail-Mixen nicht sein, daß Shaker oder Mixglas nicht vorgekühlt werden. Also: Eiswürfel rechtzeitig einfüllen und nicht vergessen, das Eiswasser kurz vor dem eigentlichen Mixen abzugießen. Denn ein Cocktail verträgt nicht allzuviel Wasser. 5 Sekunden schütteln genügt.

Nach leidvoller Erfahrung mein spezieller Tip zum Wodka-

Trinken: eben nicht das Glas bis zum Rand voll und auf ex runterkippen. Ich fülle das Glas zu zwei Dritteln und schlürfe das eiskalte Getränk in ganz kleinen Schlucken. Man hat mehr Genuß und bleibt länger nüchtern.

Übrigens: Obstbrände nicht eiskalt trinken. Ihr herrliches Aroma geht flöten.

Rum brauche ich für kühle Getränke an heißen Tagen oder für heiße Getränke in kühlen Nächten, »Original-Rum« ist übrigens der einzige, der in Frage kommt. »Echter Rum« ist dagegen in Deutschland »auf Trinkstärke« herabgesetzt. Meine Trinkstärke möchte ich eigentlich gern selbst bestimmen.

In den Herstellerländern wird eine Rum-Probe nicht zum Promilleproblem. Ein kleiner Schuß wird in die Handfläche gegossen, verrieben und dann durch Mund und Nase eingeatmet. Vor dem nächsten Jahrgang werden die Hände mit klarem Wasser neutralisiert. Raffinierte Feinschmecker essen tropische Früchte, nachdem sie sich die Handflächen mit Rum parfümiert haben. Ein großartiger Genuß! Von unserem heimischen Obst eignen sich vollreife Erdbeeren ganz vorzüglich für diese Verzehrweise.

In den USA ist »Hot Buttered Rum« ein beliebtes Getränk in erkältungsgefährdeten Nächten: Becher heiß ausspülen, 1 1/2 TL feine Raffinade, eine 2 cm lange Zimtstange und 5 Schnapsgläser echten Jamaika-Rum in den Becher geben und so lange rühren, bis der Zucker sich aufgelöst hat. Mit 1/4 l kochender Milch auffüllen, 15 g Butter drauf und 2 Prisen Muskat als Abschluß. Wer davon nicht krank wird, bleibt gesund.

Gin ist ursprünglich ein irischer Wacholderbranntwein und

wird zusätzlich mit Koriander, Angelica, Lavendel- und Orangenblüten, Lakritz und Akazienknospen gewürzt. Der Alkoholgehalt beträgt mindestens 38 Vol.-%. Ein Gin dry (trocken) muß sogar mindestens 40 Vol.-% Alkohol enthalten. Gin ist wesentlicher Bestandteil vieler Cocktails.

Cidre heißt der perlende französische Apfelwein, den es in den Geschmacksrichtungen herb oder süß gibt. Der Alkoholgehalt liegt bei ca. 5 Vol.-%. In der Normandie wird Cidre zu Calvados gebrannt.

Es gibt praktische Tips mit gefährlichen Tücken. Der mit der Wespenfalle zum Beispiel. Ich habe ihn befolgt und mit Bier halb gefüllte Flaschen auf der Terrasse aufgestellt, um so Wespen anzulocken und zu ertränken. Seit ein Besucher versehentlich eine der Flaschen austrank, lasse ich das.

Die Wiedergeburt der Bowle

Bowlenkenner sind rar. Das liegt wohl auch daran, daß der Name Bowle einen nostalgischen Beigeschmack hat, daß er an Kopfschmerzen und Verlobungsfeiern, an Gabelfrühstück, an Herrenabende, Corpsstudenten und Kasino-Rituale erinnert. Wer eine Bowle als sommerliches Getränk ansetzen will, sollte sich auf vier Geschmacksrichtungen beschränken: Ananas-, Erdbeer- oder Gurkenbowle und Kalte Ente. Eine südliche Variante, wenn sie denn sorgfältig gemischt und nicht etwa als Fertigprodukt im Supermarkt gekauft wurde, wird sicher ihre Freunde finden: die spanische Sangria.

Folgende Regeln gelten für jedes Bowlenrezept:

- *Jede Bowle ist so gut wie ihre schlechteste Zutat. Nur erstklassige Früchte verwenden.*
- *Qualitätsweine und guter Sekt oder Champagner sind der einzig richtige Bowlenkörper.*
- *Wenig Alkohol nur dann zusetzen, wenn er geschmackliche Unterstützung bewirkt.*
- *Zuckerzusatz vorher »klären«, also durch Aufkochen läutern.*
- *Keine Eiswürfel in die Bowle. Sie verwässern den Inhalt. Zur Kühlung die Bowle in zerstoßenes Eis setzen.*

»Ohne Wein kann's uns auf Erden
nimmer wie dreyhundert werden.
Ohne Wein und ohne Weiber
hohl der Teufel unsre Leiber.«

(Johann Wolfgang von Goethe: Tagebuch)

Den Charakter der Bowle bestimmt die Weinsorte. Mosel macht sie säuerlich-erfrischend und hebt das Erdbeeraroma. Mit Weißherbst gibt es keine Komplikationen; sie trinkt sich frisch-fröhlich weg. Mit Frankenwein wird die Bowle einen herb-lieblichen Geschmack haben. Mit einem Rheingauer wird sie rassig, elegant und blumig (Erdbeeren dann nur 30 Minuten ziehen lassen). Mit rotem Bordeaux ent-

steht mit Ananas oder Erdbeeren ein harmonisches Getränk von zartem Bukett. Mit Beaujolais ist sie ein herbes Männergetränk (hier muß man Erdbeeren 2 Stunden ziehen lassen, dann bekommt der Wein allerdings einen großartigen Geschmack).

Ananasbowle herb für 6 Personen

Kurz vor dem Trinken schneidet man eine halbe Ananas, ohne sie zu schälen, in 1 cm dicke Scheiben. Man gießt zwei Flaschen sehr kalten Weißwein (Rheingau) auf die Scheiben, wartet zehn Minuten, entfernt die Ananasscheiben und füllt mit einer kalten Flasche Sekt oder Champagner auf.

Erdbeerbowle für 6–8 Personen

Zu 3 Flaschen leichtem Frankenwein (Bocksbeutel) 500 g gewaschene und getrocknete Gartenerdbeeren oder 250 g Walderdbeeren zufügen. 20 Minuten im Bowlengefäß ziehen lassen und nicht kälter als mit Kellertemperatur servieren. Ob mit oder ohne Zusatz von Sekt, das bleibt dem persönlichen Geschmack vorbehalten.

Kalte Ente für 6–8 Personen

2 ungespritzte Zitronen in sehr dünne Scheiben schneiden, mit 2 Flaschen Mosel übergießen und 5–10 Minuten ziehen lassen. Dann eine Flasche eiskalten Champagner oder Sekt dazu und mit einer kleinen Flasche ebenso kaltem kohlensäure-

haltigem Mineralwasser nach Geschmack verdünnen.

Sangria

Bei sommerlichen Temperaturen ist eine Sangria nach spanischem Originalrezept eine einmalige Erfrischung. Sie löscht den Durst, und ihr spritziges, fruchtiges Aroma ist ein unvergleichlicher Genuß. Die Grundzutaten sind ein leichter spanischer Rotwein, Früchte, perlendes Mineralwasser, Zucker und Eiswürfel. Mit der Zuckermenge entscheidet man sich für eine trockene oder süße Version. Durch Zugabe von Cointreau oder Grand Marnier, Pomeranzenlikör oder Cognac nach eigenem Gusto steuert man neben dem Geschmack auch den Alkoholgehalt. Als Obsteinlage eignen sich alle Zitrusfrüchte, Äpfel und weiße Pfirsiche.

Meine Sangria für 6 Personen mache ich so: In einem großen Krug mit 3 l Volumen verrühre ich 125 g Puderzucker mit 2 Flaschen eines trockenen spanischen Rotweins. (Empfehlenswert sind die Roten aus dem Rioja-Gebiet oder ein hellroter Rosado aus Navarra.) In den Wein kommen 1 unbehandelte Zitrone, mit der Schale in dünne Scheiben geschnitten (ohne Kerne), 1 Orange, genau wie die Zitrone behandelt, 1 mittelgroßer Apfel ohne Kerngehäuse, in dünne Streifen geschnitten, 1 weißer Pfirsich, entkernt, geschält und gewürfelt, sowie 8 cl Grand Marnier und 8 cl Calvados. Wer die Sangria alkoholisch verstärken will, kann noch 4 cl Cognac zufügen. Den Krug zudecken, kühl stellen und den Inhalt 1/2 Stunde durchziehen lassen. Danach 1 Flasche eiskaltes Mineralwasser (0,7 l) dazugießen. 15–20 Eiswürfel in den Krug geben, einmal durchrühren und die Trinkportionen mit einer Bowlenkelle so ausschenken, daß Wein, Früchte und Eiswürfel gleichmäßig auf die Gläser verteilt werden. Salud!

Gedanken am Herd

»Dumme Menschen sind nie Feinschmecker.«
(Guy de Maupassant)

Manchmal kommen mir, wenn ich in einer leise köchelnden Sauce rühre, Aussprüche berühmter Leute in den Sinn. Zum Beispiel der von Theodor Fontane: »Gott, was ist Glück? Eine Grießsuppe, eine Schlafstelle und keine körperlichen Schmerzen, das ist schon viel.« Oder ein Zitat aus dem *Götz von Berlichingen*. Nein, natürlich nicht das. Sondern dieses: »Wenn Ihr gegessen und getrunken habt, seid Ihr wie neu geboren; seid stärker, mutiger, geschickter zu Eurem Geschäft.« So isses.

Klassiker gibt es nicht nur in der Literatur und Musik. In der Küche gehören »Colman's Mustard Powder« und »Lea &

Perrins Worcestershire Sauce« sowie »Liebig's Fleischextrakt« dazu.

Kann etwas mehr als »jungfräulich« sein? Der Ausdruck »extra vergine« für die erste Olivenpressung kommt mir so vor wie »mehr tot«.

Manche Ketchup-Flaschen kann man schütteln, bis einem der Arm lahmt, es kommt trotzdem nichts heraus. Einen Trinkhalm bis auf den Flaschenboden stecken und wieder herausziehen, die damit eingedrungene Luft ermöglicht sofort leichtes Fließen.

Gibt es etwas Eßbares, was alle Menschen akzeptieren? Moslems und Juden essen kein Schweinefleisch. Mongolen ekeln sich vor Kaviar. Japanern sind Kartoffeln widerwärtig. Hindus würden niemals Rindfleisch essen. Einige afrikanische Stämme verachten Geflügel. Chinesen schaudert es beim Gedanken an Käse. Nur eines wird in der ganzen Welt gegessen: Reis – weißer, langkörniger, runder, geschälter, dunkler, wilder und duftender Reis!

In Ägypten gilt das Kamel als äußerst schmackhaft. Gebratene Kamelfüße sind wirklich eine Delikatesse.

Ein Apfel fiel 1666 dem britischen Physiker Isaac Newton auf den Kopf, was ihn das Gravitationsgesetz entdecken ließ. Deswegen demonstrierte er vor seinen Zuhörern das Schwerkraftgesetz stets durch einen fallenden Apfel.

Für wohlgefüllte Vorratskammern habe ich von jeher eine Schwäche. Ich liebe Schränke und Regale, in denen Gläser, Dosen und Flaschen in tiefgestaffelten Reihen paradieren, und

ein Blick in die leise brummenden Tiefkühltruhen ist für mich ein audiovisueller Exzeß. Ganz zu schweigen von den dunkelbraunen Tonkruken, in denen Salz- und Delikateßgurken, rote Bete und Sauerkraut ihre kulinarische Vollendung abwarten.
Es ist wohl nur folgerichtig, daß meine Vorratsneigung dazu führte, mein Lesebedürfnis um die Lektüre alter Kochbücher zu erweitern. Von da ist es bis zu täglichen Experimenten am Herd nur ein kleiner Schritt.

Länger aufbewahrter brauner Zucker tendiert dazu, steinhart zu werden. Ich lege ihn dann in einen Bratentopf, stelle eine Tasse Wasser mit hinein und lasse den Topf einige Zeit bei geringer Temperatur im Backofen stehen. Danach ist der Zucker wieder streufähig.

»Eine Frau ist eine Frau;
aber eine Zigarre kann man rauchen.«
(George Bernard Shaw)

Irgendwas muß mit der Dubarry nicht ganz gestimmt haben. Alle Gerichte, die ihren Namen tragen – es sind mehr als ein Dutzend –, haben etwas mit Blumenkohl zu tun.

Die Diskussion über frische Brötchen am Sonntag, die kürzlich durch alle Medien ging, hat mich nicht sonderlich interessiert. Meine Sonntagsbrötchen werden mit einer Milch-Wasser-Mischung eingestrichen und 10 Minuten im vorgeheizten Backofen aufgebacken. Im Brotkorb liegt unter der Serviette ein Stück Alufolie, so bleiben die Brötchen das ganze Frühstück über warm.

In die große Blechdose zur Aufbewahrung von verschiedenem Gebäck gehört immer ein halbierter Apfel zum Feuchthalten.

Zum Pizzabacken nur das Backblech ohne Fett mit kaltem Wasser abspülen. Das verdampfende Wasser wirkt wie ein Treibmittel.

Klapperschlangen schmecken fast wie Aal, nur zarter und besser, da ihr Fleisch fester und nie tranig ist.

»In England gibt es sechzig Religionen
und nur eine Sauce.«
(Italienisches Sprichwort)

Sparsam würzen und nichts in Saucen ertränken – ein alter Hut. Wie die Speisen andernfalls schmecken, hat niemand besser beschrieben als Grimmelshausen in seinem »Simplicissimus«: »Man brachte Gerichter … welche durch tausendfältige Zubereitungen und ohne zahlbare Zusätze dermaßen verpfeffert, überdummelt, vermummt, mixtiert und zum Trunk gerüstet waren, daß sich ihre Substanz weit anders verändert hatte, als sie die Natur hervorgebracht …«

Das gibt mir doch zu denken: In den USA, dem einzigen Land, das flächendeckend ein Diätprogramm mit weitreichendem Einfluß auf die Nahrungsmittelindustrie entwickelt hat, leidet jeder vierte an Fettleibigkeit.

Trost für Trinker: Wenn der Mund völlig trocken wäre, könnte man keinen Geschmack wahrnehmen.

Die Hunza im Himalaja leben ausschließlich von Pfirsichen und gekeimtem Getreide. Sie kennen keine Krankheiten.

Kirschbaumblätter sind giftig.

Was man niemals machen darf: ans Telefon gehen, wenn man eine Sauce hollandaise rührt. Die eine Hand muß am Butterpfännchen bleiben, die andere am Schneebesen. Sonst ist alles im Eimer.

Zuckercouleur, die praktische Zutat für Saucen, stelle ich mir ganz einfach selbst her, indem ich Zucker in einem Topf unter ständigem Rühren dunkelbraun werden lasse und mit heißem Wasser ablösche. Das schmeckt dann nicht mehr süß und ist ein herrlich natürliches Dunkelfärbemittel für braune Saucen.

Ofenschlupfer ist kein ausgefallener Beruf, sondern ein fabelhafter süßer Auflauf schwäbischen Ursprungs. Dazu werden entrindete Weißbrotscheiben in süßer Vanillemilch eingeweicht und abwechselnd mit Apfelscheiben, Rosinen und Mandeln in eine Auflaufform geschichtet. Mit Eierguß, der mit Zimt und Vanille gewürzt wurde, übergießen und 30 Minuten bei 180 Grad im Ofen backen. Mit Frucht- oder Weinschaumsauce servieren.

Karotten und Pastinaken enthalten das lebenswichtige, fettlösliche Provitamin A. Es hilft gegen Nachtblindheit und bessert Kurzsichtigkeit. Meine Eselsbrücke für die Wirkung dieses Vitamins: »Kaninchen brauchen keine Brille.« Unser Körper kann das Provitamin jedoch nur verwerten, wenn gleichzeitig etwas Fett zugeführt wird. Also auch bei Rohkostsalat immer eine Spur Öl!

Ich habe meine Zweifel, ob Rohköstler immer so gesund leben. Richtig gefährlich jedenfalls wird's für die, die grüne Bohnen ungekocht in ihren Salat schnippeln. Denn Hülsen und Kerne enthalten eine Stickstoffverbindung, das Phasin, das rote Blutkörperchen verklebt. Nur durch Kochen wird der Giftstoff vollständig abgebaut.

Graubrot und Schwarzbrot nie zusammen aufbewahren im Brotkasten. Denn im Gegensatz zu einem alten Ehepaar schimmeln sie eher, als wenn sie getrennt aufbewahrt werden.

Eine Unsitte, die Leute mit Vorspeisen vollzustopfen! Ich denke nicht daran, stundenlang Winzighäppchen mit albernen Dekorationen zu verzieren! Schließlich heißt »hors d'œuvre« wörtlich übersetzt »außerhalb der Arbeit«. Und zwar für den Koch.

Wenn ich lese, was der englische Historiker John Ruskin (1819–1900) über die Kunst der Köche sagte, kommt's mir so vor, als ob er schon im vorigen Jahrhundert einmal bei dem Meister aller Köche, bei Freddy Girardet in Crissier, gespeist hätte: »Ein guter Koch zu sein bedeutet, daß man alle Zaubertricks der Medea, Circe und Calypso beherrscht. Es bedeutet Sorgfalt und Erfindungsgabe, die Sparsamkeit einer Großmutter, Beherrschung aller Errungenschaften der modernen Technik, französischer Kunstsinn und arabische Gastlichkeit.«

Wenn ich dem Kaffee am Ende einer guten Mahlzeit den besonderen Touch geben will, lege ich eine aufgeschnittene Vanilleschote oder ein Stückchen bittere Schokolade mit in den Kaffeefilter. Das Ergebnis: ein zartes, originelles Aroma.

Schnecken sind Zungenküsse des Teufels. Kein Wunder, daß

dieses Bonmot entstand, denn eine Schnecke kann bis zu 25 000 Zähne haben. Und zwar auf der Zunge.

Bei manchen Gerichten gefallen mir die mundartlichen Namen so gut, daß ich sie in mein Repertoire aufgenommen habe, z. B. »Eierhaber« oder »Radfahrerpastete«. Eierhaber (schwäbisch) sind Eierkuchen, in der Pfanne in Stücke geteilt, in Butter nachgebräunt und zu allerlei Kurzgebratenem serviert. Radfahrerpastete ist der Spitzname für Buletten in Berlin.

Bereits im Jahre 3000 vor Christus aß man in China Rhabarber. Im Mittelalter war Rhabarber eines der höchstbezahlten Ausfuhrgüter Chinas in den Westen.

Schon wieder ist ein Eidotter in der Tasse im Kühlschrank angetrocknet. Dabei läßt sich das ganz leicht vermeiden, wenn man in die Tasse so viel Wasser gießt, daß das Eigelb bedeckt ist.

Minutenlange Veitstänze waren stets angesagt, wenn ich beim Hantieren in der Küche Frischhaltefolie brauchte. Wer jemals versucht hat, mit fettigen Händen etwas Passendes von der Rolle zu reißen, weiß, wovon ich rede. Seit ich die Folie im Kühlschrank aufbewahre, gibt's da keine Probleme mehr. Frost macht Folie willig!

Auch an einem einfachen Eintopf wie dem Weißkohltopf sollten wir nicht achtlos vorbeigehen. Ob wir ihn nun mit Schweinebauch, mit dem Halsstück vom Lamm, mit Hammel oder Rinderbrust zubereiten – darüber läßt der Weißkohl mit sich reden. Nur eines verlangt er unbedingt: Kümmel als Gewürz. Ich ziehe pulverisierten Kümmel vor, wegen der Pulerei in den Zähnen bei Kümmelsamen.

Ärgerlich: Bei fast allen Rezepten für Bohnensuppe wird die Sorte der getrockneten Hülsenfrüchte nicht angegeben. Dabei gibt es Saubohnen, die braunen Ackerbohnen, die dunkelgraue Strauchbohne, mit Pupillendekor die Augenbohne, schwarze Bohnen, rosarote Azukibohnen, gelblich-weiße Limabohnen, pistazienfarbene Flageolets, die länglichen Cannelinis, die gesprenkelten Pintobohnen, die zartgemusterten Borlotti und schließlich die rote Kidney. Ein Dutzend Sorten – und alle schmecken verschieden.

Wenn ich von den vielen Tips und Tricks lese, wie man Verdorbenes, Mißlungenes, Versalzenes, Angebranntes wieder »genießbar« machen kann: Der empfohlene Aufwand steht in keinem Verhältnis zum fragwürdigen Ergebnis. Wenn denn einmal eine Suppe total versalzen ist, sollte man sie besser gleich wegkippen, als noch Versuche mit gequirltem Eiweiß, rohen Kartoffelscheibchen, Apfelessig und dergleichen mehr zu unternehmen. Nicht nur, daß es immer teurer und aufwendiger wird, sondern es sinkt auch die Laune des verunfallten Kreateurs am Herd sotto zero. Und das steht nie dafür.

An meine Bratpfannen kommen weder Spülmittel noch Stahlbürste. Wenn einmal etwas angesetzt hat oder sie stark verschmutzt sind, gebe ich einige Löffel Salz hinein und erhitze sie auf der Herdplatte. Mit einem Lappen läßt sich das warme Salz zusammen mit dem Schmutz gut herausreiben. Und die Pfannen bleiben intakt.

Wer sein Haus für längere Zeit verläßt, sollte einen kleinen Beutel mit Eiswürfeln in die Gefriertruhe legen. Sind die Würfel nach der Rückkehr deformiert, dann war das Gefriergut angetaut, durch Stromausfall etwa. Den eingefrorenen Lebensmittelpackungen sieht man das nicht sofort an – den Eiswürfeln wohl.

Ich geb es ja zu: Glänzende, strahlende Töpfe machen den Hobbykoch glücklich. Matte, stumpfe Aluminiumtöpfe werden wie neu, wenn man Rhabarberschalen einige Minuten darin kocht. Und Kupfertöpfe werden blitzblank, wenn sie mit heißer Sauerkrautbrühe gereinigt und dann mit einem Lederlappen poliert werden.

Eines Tages werde ich eine Liste aller überflüssigen Geschenke für kochende Frauen und Männer machen. Da steht die Schürze mit der Aufschrift »Hier kocht der Chef« ebenso drauf wie dekorative alte Kuchenformen, die nur Staubfänger sind. Auch das Buch über die Kunst des Serviettenfaltens oder die edle Stahlkanne, in die man sein Olivenöl umfüllen soll, gehören auf diesen Index.

Ich habe zwar meine Rezepte meistens im Kopf, bevor ich an

die Realisierung gehe. Aber mein Tip für Leute, die beim Kochen nochmals gern nachlesen möchten: Legen Sie den Deckel einer Auflaufform aus Glas über die Kochbuchseite. Der wirkt wie eine Lupe, und das Buch bekommt weniger Flecken.

Erdnüsse finden bei der Herstellung von Dynamit Verwendung, Cashewnüsse gehören botanisch in die gleiche Familie wie der giftige Efeu.

Wenn es um die Feinheiten eigener Rezepte geht, lüge ich schamlos. Schließlich habe ich dreißig Jahre gebraucht, bis ich auf Kreuzkümmel als Gewürz für Linsen gekommen bin. Meist sind es Hausfrauen, die sich nach dem besonderen Pfiff an meinen Linsensalaten erkundigen. »Kümmelpulver«, sage ich dann. Die Vorsilbe »Kreuz« unterschlage ich. Kümmel (Carum carvi) und Kreuzkümmel (Cuminum cyminum) sind geschmacklich grundverschieden.

Man schneidet sich meistens mit stumpfen Messern!

Lange Küchenschürzen sind mir ein Greuel – ich komme mir vor wie ein Transvestit im Abendkleid.

Vertrauen ist gut, Kontrolle ist besser. Deswegen nehme ich für Auflauf gern Formen aus Jenaer Glas. So kann ich ihn während des Backens immer von allen Seiten beobachten. Aber Glasformen sind empfindlich gegen Temperaturunterschiede. Also nicht gleich aus dem heißen Ofen auf kalte Unterlagen stellen.

Ob jemand von echter Kochleidenschaft befallen oder nur ein Gelegenheitskoch ist, zeigt sich untrüglich daran, daß er seine Erfahrungen und Rezepte aufzuschreiben beginnt. Nur so wird aus Kochen Kochkunst.

Immer, wenn jemand bei Tisch einen Fauxpas begeht, wird ihm Knigges Buch über den Umgang mit Menschen zur Vervollständigung seiner lückenhaften Erziehung empfohlen. Die Empfehlung verrät aber nur: Der Kritiker hat den Knigge nicht gelesen. Sonst wüßte er, daß der Inhalt mit Beherrschung der Umgangsformen, mit Etikette oder einwandfreiem Benehmen nicht das geringste zu tun hat. Ob man die Serviette in den Kragen steckt, Kartoffeln auf dem Teller zerschneidet, Geflügelknochen abnagen darf, Bouillon aus der Tasse trinkt oder löffelt, Austern hörbar schlürft – über Tischsitten findet sich bei Knigge kein Wort.

Über eins kann ich mir nie klarwerden: Mag ich eigentlich helfende Gäste in der Küche? Einerseits: Sie reden störend dazwischen, lenken vom Wesentlichen ab, andererseits: Sie erledigen untergeordnete Arbeiten.

Gehäkelte Topflappen sollten verboten werden. Ich habe mir schon wieder die Daumen verbrannt.

Krokodilschwanzsteaks schmecken wie Hummer.

Die Küche unterscheidet sich vom täglichen Leben dadurch, daß Aufgewärmtes manchmal besser ist als frisches (z. B. Rotkraut, Gulasch und anderes mehr).

»Wenn die Maus satt ist, ist das Mehl bitter.«

(Jüdisches Sprichwort)

Gerade las ich eine Notiz, daß in Ohio ein Fast-food-Restaurant für Haustiere eröffnet wurde: Rippchen und Fischstäbchen zum Mitnehmen ins Auto oder zum Verzehr im eingezäunten Garten … Klasse! Die Wahrheit läßt sich doch nicht dauernd verfälschen. Genau das ist es, wozu Fast food überhaupt erfunden wurde.

Kochbücher aus der Biedermeierzeit, in der Speiseeis besonders beliebt war, nennen oft seltsame Zutaten. Veilchen-, Jasmin-, Rosen- und Pomeranzenblüten wurden in Speiseeis verarbeitet; Zimt, Tee, Maronen, Quitten, Punsch, Melonen, Nelken, Berberitzenfrüchte, Wacholder und Anis dienten als Aromaspender. Phantasiemischungen mit so hübschen Namen wie Papinia und Harlekin entzückten die Krinolinen-Damen.

In der Grande cuisine werden heute immer häufiger Gemüse- oder Kräutersorbets serviert. Sie sind für den ungeübten Schlecker zunächst befremdliche Gaumenerlebnisse. Der deutsche Küchenpapst Eckart Witzigmann, der gelegentlich ein Minz-Sorbet servierte, wurde von einem Gast gefragt: »Ist das Odol-Eis?«

Was immer man brät, ob Fleisch, Fisch, Kartoffeln oder anderes, zuerst muß man sich fürs Bratfett entscheiden. Pflanzliches oder tierisches Fett ist die Frage. Pflanzliche Fette sind die verschiedenen Öle mit neutralem oder aromatischem Geschmack. Besonders gehärtetes Pflanzenfett (Kokosfett) wie Biskin oder Palmin verträgt hohe Temperaturen. Tierische Fette wie Butterschmalz oder Schmalz sind ebenfalls nicht besonders temperaturempfindlich. Schwieriger sind Butter oder ausgelassenes Schinkenfett, da sie leicht verbrennen. Ein kleiner Schuß neutrales Öl mindert diese Gefahr. Margarine ist ein

Zwitter, der aus pflanzlichen oder einem Gemisch aus pflanzlichen und tierischen Fetten besteht.

Die Aromastoffe des Honigs sind hochsensibel. Licht und vor allem Wärme bekommt ihnen nicht gut. Also: Zur Komposition von Marinaden und Dips oder zum Abschmecken von Saucen Honig nur bei niedriger Temperatur zufügen. Nicht kochen.

Eine richtige, deftige Hausmacher-Erbsensuppe muß bekanntlich lange kochen. Um nicht ständig rühren zu müssen, damit nichts ansetzt, lege ich auf den Boden des Topfs eine Scheibe Brot.

Bemerkenswertes

»Ein Lorbeerblatt kann wichtiger sein als ein Lorbeerkranz.«
(Friedrich Schlotterbeck)

Die Tomate wurde in Deutschland während des Ersten Weltkrieges heimisch.

Ein Mann von 68 kg reicht gerade zu einer Mahlzeit für 40 Kannibalen.

Im 19. Jahrhundert galt Tomatenmark als Medizin.

Wer ein Stück rohen Sellerie ißt, verbraucht dabei mehr Kalorien, als das Stück enthält.

Die Verpackung von Cornflakes enthält mehr Nährstoffe als die Cornflakes in ihr.

Instant-Kaffee wurde in der Mitte des 18. Jahrhunderts erfunden.

Die erste Weißwurst entstand durch Zufall am Faschingssonntag 1857.

Zungenabdrücke sind ebenso einmalig wie Fingerabdrücke.

Mengenmäßig steht im Welthandel Erdöl an erster, Kaffee an zweiter Stelle.

Franzosen essen rund 500 000 000 (500 Millionen) Schnecken pro Jahr.

Im alten Europa wurde Olivenöl als Seife verwendet.

Die Iren trinken pro Kopf mehr Tee als jedes andere Volk auf Erden.

Die Sonnenpyramide und die Mondpyramide Mexikos sind mit Zement aus Maismehl erbaut worden.

Es gibt 38,5mal mehr Salz- als Süßwasser auf Erden.

In Sodawasser gibt es kein Soda.

Eskimos lieben Seehundfleisch in Salzwasser gekocht.

Rom importierte aus der Eifel/Ardennen-Landschaft u. a. Honig, blondes Frauenhaar, Sklavinnen, Jungadler für Jupitertempel und als Legionsmaskottchen sowie den delikaten angepökelten, mild geräucherten und luftgetrockneten Schinken von Schweinen aus Eichel- und Bucheckernmast.

Gebackene Bohnen wurden ursprünglich mit Sirup serviert.

Croissants stammen nicht aus Frankreich, sondern aus Österreich.

Eiscreme wurde 1620 erfunden. »Fürst-Pückler-Eis« ist keine Schöpfung des berühmt-berüchtigten Hermann Fürst Pückler-Muskau (1785–1871). So genial der Fürst als Parkgestalter, so beliebt er als Reiseschriftsteller und so gefragt er als Liebhaber war, die nach ihm benannte Eisspezialität hat ein Lausitzer Konditor mit dem banalen Namen Schulz erfunden. Dem Fürsten hat er sie erstmals im Winter 1846 serviert.

Chop-suey ist kein originales chinesisches Gericht, sondern wurde von Einwanderern in Kalifornien erfunden.

Die Schweizer verzehren weltweit pro Kopf der Bevölkerung den meisten Käse.

Knoblauch gehört zur Familie der Liliengewächse.

Jesuiten brachten die ersten Truthähne nach Frankreich, weshalb in manchen französischen Dialekten Truthähne bis heute »jésuites« heißen.

Manche Eskimos benutzen im Winter Kühlschränke, um darin ihre Lebensmittel vor dem Einfrieren zu schützen.

Im 17. Jahrhundert gab man in königlichen Residenzen mehr Geld für Kerzen als für Lebensmittel aus.

Im Irak ist es gesetzlich verboten, an Sonntagen Schlangen zu verspeisen.

1830 wurde Ketchup in den USA als Medizin patentiert.

Den Vorschriften der US-Lebensmittelbehörde zufolge dürfen 100 g Tomatenmark nicht mehr als 30 Fliegeneier enthalten.

Friedrich der Große von Preußen ließ sich seinen Kaffee oft mit Champagner statt mit Wasser zubereiten.

Eines der Hochzeitsgeschenke an Königin Viktoria war ein Käse von einer halben Tonne Gewicht und neun Metern Durchmesser.

Das größte Ei der Welt, das Straußenei, braucht etwa 40 Minuten, bis es hart gekocht ist.

Register

A

B

H

I

J

K

Q

R

S

T

V

W

X, Y, Z